Ateísmos
e irreligiosidades

Edenio Valle (org.)

Ateísmos e irreligiosidades

Tendências e comportamentos

Paulinas

Dados Internacionais de Catalogação na Publicação (CIP)
(Câmara Brasileira do Livro, SP, Brasil)

Ateísmos e irreligiosidades : tendências contemporâneas / Edenio Valle, (org.). – São Paulo : Editora Paulinas, 2018. – (Coleção temas de religião)

Vários autores.
ISBN 978-85-356-4368-8

1. Ateísmo 2. Deus - Existência 3. Irreligião 4. Psicologia religiosa I. Valle, Edenio. II. Série.

18-12613   CDD-200.19

Índice para catálogo sistemático:
1. Ateísmo e irreligiosidade : Psicologia da religião   200.19

1ª edição – 2018

Direção-geral: Flávia Reginatto
Conselho editorial: Dr. Antonio Francisco Lelo
Dr. João Décio Passos
Maria Goretti de Oliveira
Dr. Matthias Grenzer
Dra. Vera Ivanise Bombonatto
Editores responsáveis: Vera Ivanise Bombonatto
João Décio Passos
Copidesque: Ana Cecilia Mari
Coordenação de revisão: Marina Mendonça
Revisão: Sandra Sinzato
Gerente de produção: Felício Calegaro Neto
Projeto gráfico: Manuel Rebelato Miramontes
Diagramação: Jéssica Diniz Souza

Nenhuma parte desta obra poderá ser reproduzida ou transmitida por qualquer forma e/ou quaisquer meios (eletrônico ou mecânico, incluindo fotocópia e gravação) ou arquivada em qualquer sistema de banco de dados sem permissão escrita da Editora. Direitos reservados.

Paulinas
Rua Dona Inácia Uchoa, 62
04110-020 — São Paulo — SP (Brasil)
Tel.: (11) 2125-3500
http://www.paulinas.com.br
editora@paulinas.com.br
Telemarketing e SAC: 0800-7010081
© Pia Sociedade Filhas de São Paulo — São Paulo, 2018

Sumário

Apresentação 7

PRIMEIRA PARTE
OS DEBATES SOBRE O ATEÍSMO NA PERSPECTIVA DO NEODARWINISMO CONTEMPORÂNEO

Capítulo I. Ateísmo, evolução e cognição: bases conceituais de sustentação do neodarwinismo de Richard Dawkins 25
Clarissa de Franco

Capítulo II. Alister McGrath *versus* Richard Dawkins: um debate entre dois cientistas da área biológica 59
Silvia Geruza Fernandes Rodrigues

Capítulo III. John Searle *versus* Daniel Dennett: repercussões de uma polêmica filosófica sobre os ateísmos contemporâneos 81
Wojciech Mittelstaedt e Edenio Valle

Capítulo IV. Um debate pioneiro que não pode ser esquecido: Sigmund Freud *versus* Oskar Pfister numa perspectiva neurocientífica 125
Beatriz Ferrara Carunchio

SEGUNDA PARTE
OS DEBATES SOBRE A IRRELIGIOSIDADE NA PERSPECTIVA HISTÓRICO-CULTURAL DA FRANÇA E DA EUROPA CONTEMPORÂNEA

Capítulo V. O debate sobre a irreligiosidade na perspectiva do pensamento laico de A. Comte-Sponville e Luc Ferry 149
Cátia Cilene Lima Rodrigues

Capítulo VI. O debate entre Luc Ferry e Marcel Gauchet: apontamentos para compreender os ateísmos contemporâneos. Convergências, divergências, complementações 179
Fatima Regina Machado

Capítulo VII. Michel Gauchet: um ateu(?) desencantado(?) do mundo. Perspectiva desde a Psicologia e a Ciência da Religião 207

Eliana Massih

Capítulo VIII. A "religião para ateus" de Alain de Botton e sua acolhida na Europa ocidental e cristã 225

Afonso M. Ligório Soares

Apresentação

Nesta apresentação quero, antes de tudo, explicar aos leitores a maneira como este livro foi pensado e organizado. Ele nasceu de discussões que tiveram lugar entre os anos de 2014 e 2016, no grupo de pesquisa "Psicologia e ateísmos contemporâneos: peculiaridades", do Programa de Pós-graduação em Ciência da Religião da PUC de São Paulo. O grupo, credenciado pelo CNPq e pelo Conselho de Ensino e Pesquisa da PUC-SP, é, em si, bem mais antigo. Teve início em 2006 e passou, sucessivamente, por três distintos momentos e temáticas psicológicas.[1] Acha-se agora em sua quarta fase de trabalho, cujo objetivo é o de situar, do ponto de vista da Ciência e da Psicologia da Religião, a problemática de fundo dos chamados "neo" ateísmos.

A escolha e a definição mais específica do tema e, consequentemente do projeto, não foi fácil, uma vez que não se tratava só de rever e atualizar os costumeiros ângulos (filosóficos, teológicos e sócio-históricos) que atravessaram os séculos, como também de mapear criticamente os questionamentos inéditos que têm brotado das formidáveis descobertas científicas dos últimos decênios. Já desde algum tempo, essas questões têm atraído a atenção de participantes diretos e indiretos do Programa de Ciência da Religião da PUC-SP e, mais especificamente, dos participantes do Grupo

---

[1] Os temas dessas fases foram os seguintes: a) na fase 1: Sexualidade e afetividade em seminaristas e presbíteros católicos; b) na fase 2: A representação psicológica de Deus em grupos selecionados de pessoas religiosas; c) na fase 3: Psicoterapia de presbíteros católicos: peculiaridades.

de Pesquisa sobre Psicologia e Religião: Peculiaridades[2] que preparou este livro. Como quase todos os participantes desse grupo são graduados e pós-graduados em Psicologia, com especializações e prática profissional em distintas áreas dessa ciência (como a clínica, a psicanalítica, a social, a da personalidade, a anomalística e a da religião), na definição do objeto específico sentiu-se a necessidade de ir além das abordagens usualmente discutidas a respeito dos ateísmos. Levantou-se, assim, no grupo a seguinte pergunta: há algo de realmente "novo" nas discussões psicossociais em torno das tendências que se constatam nos talvez impropriamente chamados novos ateísmos? Que aproximação seria mais útil a essa pergunta desde o ponto de vista de um grupo interessado em Psicologia Social da Religião? Os participantes sentiram que eles próprios precisavam esclarecer melhor o seu entendimento do conceito de "novos" ateísmos e que, para tanto, deveriam eles mesmos lerem e discutirem preliminarmente alguns textos selecionados sobre tal assunto.[3] Como psicólogos, suas informações se circunscreviam mais aos debates suscitados pelas Psicanálises e/ou pela crítica demolidora movida pelos famosos "mestres da suspeita". Como alunos do Programa de Ciência da Religião, porém, todos haviam travado algum tipo de contato com autores pouco divulgados na Psicologia da Religião mais clássica, como, entre outros, Atran, 2002; Boyer, P., 2001; Gazzaniga, M. e Heatherton, T. F., 2005; Kirkpatrick, L. A., 2005; McNamara, P., 2006; Aletti, Fagnani e Rossi, 2006; Mithen, 2002; Ryle, 1949.

---

[2] QUEIROZ, J. J., 2006 e 2010; RIBEIRO, J. C., 2013; CRUZ, E. R., 2007, 2009 e 2015; SOARES, A. M. L., 2012; CAZAROTTO, J. L., 2013; MASSIH, E., 2013; DE FRANCO, C., 2014; DE FRANCO e PETRONIO, R., 2014; SILVA, R. F., 2015; VILLASENOR, R. L., 2013; VALLE, E., 2001, 2011a, 2011b; MARTINS, L. B., ZANGARI, W., e MACHADO, F. R., 2014.

[3] Além dos autores já citados nas notas anteriores: MINOIS, G., 2013; BICKLE, J., 2009; MARTIN, M. 2006; ECKLUND, I. G., 2010; DUQUE, J. M., 2003; LENNAERS, R., 2014; WALTERS, K., 2015.

Ao consultar alguns desses autores, o grupo de pesquisa constatou, quase de imediato, que o estudo sobre os ateísmos hodiernos é um campo minado repleto de "questões disputadas", como diziam os filósofos medievais, questões essas que continuam vivas também na moderna Filosofia da Mente (cf. RYLE, P., 1949; DENNETT, D. e CHURCHLAND, P., 2007; TEIXEIRA, J. de F., 2012). Ao invés de certa clareza teórica e metodológica, o que predomina nos estudos é a pluralidade de posições estanques, o que, aliás, não chega a surpreender, uma vez que estão em jogo duas questões absolutamente fundamentais: a da fé religiosa e a da existência ou não de Deus. Há, por essa razão, que se ter presente que todos os que se debruçam sobre o tema dos ateísmos contemporâneos o fazem inseridos em um contexto cultural, e suas considerações devem ser compreendidas em seu sentido epistemológico, dentro de um quadro científico mais amplo (BARBOUR, 2004).

O que predomina no atual cenário são as polêmicas e debates. Eles são, sobremaneira, acesos e complexos nos Estados Unidos e na Europa, mas se fazem sentir também no Brasil (cf. FERREIRA, 2015; QUEIROZ, 2006; OLIVEIRA e ALMEIDA, 2002; ROCHA, 2014). Nesse contexto, para esclarecer tal quadro, vale lembrar alguns autores. Um é o teólogo e filósofo português João Manuel Duque, que, em sua obra *Dizer Deus na pós-modernidade* (2003), resenha com conhecimento de causa os teólogos e filósofos que tentam repensar o discurso sobre Deus (tarefa dos *Teo-logoi*) no contexto de uma hermenêutica filosófica que encare criticamente e a sério o contexto impropriamente denominado "pós-moderno". São pensadores que, conhecendo o Cristianismo, percebem o desafio das chamadas "religiões não teístas" desde uma perspectiva semelhante à de autores como Alain de Botton (2011) e pensadores como Marcel Gauchet, Luc Ferry e A. Comte-Sponville (cf. SPONVILLE e FERRY, 2000). Na Itália e na Espanha, esse pensamento se encontra exposto no *Cristianismo não religioso*, de Gianni Vattimo (2001), e na Espanha ele é bem representado por Marià Corbì (2007). Na Alemanha, muitos teólogos se perguntam se tal evolução representa "uma maldição ou uma bênção" para a Teologia cristã (STRIET, 2008).

Entre essas várias possibilidades de encaminhamento, o grupo chegou à conclusão de que seria mais apropriado a seus objetivos e aos interesses do leitor brasileiro tomar como referência a discussão francesa, cuja influência no campo da Filosofia da Cultura é, entre nós, ainda forte. Toda a segunda parte deste livro se concentra nessa perspectiva, ficando a apresentação dos demais estudiosos da irreligiosidade pós-moderna para uma ulterior fase de estudos do grupo.

Um outro fator pesou muito na especificação concreta da perspectiva adotada, qual seja, o suscitado pelas Neurociências Cognitivas (TEIXEIRA, 1998). Ao compulsar introduções à Psciologia da Religião anteriores a 1970, é fácil constatar que até aquela data, aproximadamente, as teorias eram devedoras sobretudo às Psicanálises, às Psicologias da Personalidade e ao Cognitivismo Piagetiano, além, é claro, à Filosofia e à própria Teologia. A Neuropsicologia constava do currículo básico de qualquer curso de Psicologia, mas seu uso efetivo era um tanto cosmético. Após os anos 1990, porém, o neodarwinismo passou a ser dominante nos grandes centros de pesquisa em genética, bioquímica e neurociências. Dessas ciências de base, surgiram abordagens inéditas na Paleontologia aplicada à Psicoantropologia (BOYER, 2001), nas Ciências Cognitivas (FIORI, 2009), na Filosofia da Mente (TEIXEIRA, 2008, 2012) e, de maneira muito especial, na Psicologia Evolucionária (OTTA e YAMAMOTO, 2009; MASSIH, 2013). São desenvolvimentos que não tardaram a ter efeito direto na Psicologia da Religião. Um caso exemplar é o de A. Lee Kirkpatrick (2005), que busca uma revisão radical de sua conhecida teoria do "apego dos bebês às suas mães revista desde um paradigma que integra sistematicamente o neodarwinismo à velha teoria do *attachment*", de J. Bowlby (2002).

Assim, o cenário da eterna discussão entre teístas *versus* ateístas migra aos poucos dos paradigmas iluministas e positivistas do século XVIII para outros, do século XIX, centrados nas classes sociais do capitalismo (K. Marx) e nas visões filosófico-culturais bem representadas por pensadores como F. Nietzsche, J. P. Sartre e nos existencialistas e desconstrucionistas franceses que se seguiram. No cenário mais recente da passagem de século, surgem *best-sellers* neodarwinistas que se valem sobretudo das ciências biológicas como justificativa para suas posições radicalmente ateias. Dois exemplos significativos são o biólogo Richard Dawkins e o filósofo da mente Daniel Dennett (cf. MITTELSTAEDT e VALLE, cap. II deste volume). Se neles algo de "novo" existe, é essa fundamentação radicalmente biologista que em sua opinião deve ser buscada somente nas leis da natureza que constituem a única base segura para a explicação das relações entre cérebro, mente e consciência e, em consequência, também para a filogênese e a ontogênese dos humanos (GAZZANIGA e HEATHERTON, 2005).

Se esse é hoje o estado da arte, o grupo de pesquisa tomou consciência de que o mais conveniente, nessa quarta fase de suas pesquisas, era pôr-se criticamente a par dos câmbios que se estão verificando nos estudos científicos da religião e já se fizeram presentes também na Psicologia da Religião.

Há um ulterior motivo para enfocar os chamados neoateísmos. É a movimentação que se está dando no campo religioso brasileiro e, também, como ela se espelha nos dois últimos recenseamentos nacionais organizados pelo IBGE, nos anos de 2000 e 2010 (cf. TEIXEIRA e MENEZES, 2013). Esses resultados foram um ulterior estímulo para a decisão do grupo de tomar o estudo das *irreligiosidades contemporâneas* como objeto principal de sua pesquisa. A análise comparativa desses recenseamentos evidenciou duas tendências principais, aparentemente contraditórias, na mobilidade hoje existente no campo religioso brasileiro. De um lado, como já previam os sociólogos da religião, houve um aumento notável das igrejas pentecostais e neopentecostais, cujo crescimento atingiu entre os dois censos a notável cifra de 17 milhões de conversões. De outro lado – e aí se percebe uma tendência quase oposta – tiveram acentuado incremento os grupos dos "sem religião" e dos "ateus e agnósticos". Os primeiros eram, em 2010, cerca de 15,3 milhões, ou seja, um pouco mais do que 8,15% do total da população brasileira. O grupo dos agnósticos e ateus era bem menor, perfazendo, respectivamente, 124 mil (0,075%) e 615 mil (0,32%) pessoas. Esses dois últimos grupos são estatisticamente pouco significativos, mas não o são como tendência presente também em outras sociedades pós-tradicionais, que o sociólogo Flávio Pierucci assim descreve:

> (Nelas) os indivíduos tendem a se desencaixar de seus antigos laços (...). Desencadeia-se nelas um processo de desfiliação em que pertenças sociais e culturais dos indivíduos, inclusive as religiosas, tornam-se opcionais, e, mais que isso, revisáveis, e os vínculos, quase só experimentais, de baixa consistência. Sofrem, fatalmente, com isso, claro, as religiões tradicionais.

Na literatura sobre os deslocamentos do campo religioso brasileiro já existe um bom número de estudos sociológicos, psicológicos e antropológicos a respeito dos pentecostais e neopentecostais. Não se pode dizer o mesmo sobre o que acontece com os milhões de brasileiros que nesse curto espaço de dez anos se distanciaram das religiões históricas e passaram a se autodefinir como "sem" religião, agnósticos ou ateus. Do ponto de vista psicossocial, é pouco o que se sabe sobre esses últimos. Pode-se dizer com Valle (2015, p. 77) que, mais que uma mera reação alienante às mudanças contínuas que atropelam os indivíduos e os grupos em sociedades massivas e plurais como as nossas, existem hoje "formas altamente reflexivas de vida" (HALL, 2005, p. 15) que dão ao sujeito condições para assumir em primeira pessoa sua própria identidade. Estudar esse aspecto cabe seguramente à Psicologia Social da Religião.

O objetivo imediato do presente volume é apenas o de fazer um estudo preliminar que capte e descreva aspectos fundamentais da crise de identidade vivenciada pelos que se declaram "sem religião" e/ou "sem Deus". Um estudo empírico[4] que situe o problema propriamente psicossocial como os de Hutsebaut (1996) ou de Silver e outros (2014) ficará para uma outra fase.

Os capítulos do presente livro têm a finalidade de oferecer aos estudiosos da religião no Brasil uma visão de conjunto que facilite futuras pesquisas sobre as "novas" modalidades de não religiosidade que se estão configurando na atual sociedade e cultura brasileiras e mundial.

Levando em conta as reflexões antes elencadas, os capítulos deste volume foram divididos em duas partes maiores. Em ambas, o enfoque de fundo é o debate entre os autores que se posicionam ou pró ou contra a religião e, em consequência, pró ou contra a existência de Deus.

A primeira parte reúne quatro pesquisas sobre controvérsias que provêm diretamente das concepções e métodos usados nas ciências naturais quase exclusivamente fundamentadas em pressupostos neodarwinistas. São perspectivas preponderantes em países de língua inglesa. Elas se restringem mais a ambientes e periódicos científicos de ponta. Todavia, ela foi se disseminado aos poucos a outros segmentos da sociedade, graças, sobretudo, às redes sociais e à grande mídia (cf. VILLASENOR, 2013; RIBEIRO, 2013; SILVA, 2015; DE FRANCO, 2014).

Esta primeira parte começa com um capítulo mais geral, escrito pela psicóloga e cientista da religião Clarissa de Franco. Tal capítulo descerra as cortinas de um debate que tem muitas faces e muitos protagonistas, embora o nome de Richard Dawkins, que a autora conhece bem, ocupe nesse campo um lugar de destacada liderança. A seu lado (contra ou a favor) aparecem muitos outros nomes que merecem consideração por quem se interessa pelas relações entre

---

[4] Os estudos empíricos das modalidades atuais de irreligiosidade abrangerão três diversos grupos de sujeitos: os propriamente agnósticos e ateus; os chamados "sem religião" e os que simpatizam com tais grupos devido à influência crescente das modernas redes virtuais de comunicação.

Psicologia Evolucionária, Neurociências e Religião. O objetivo do capítulo I é oferecer um cenário bastante completo dos principais autores norte-americanos citados em discussões sobre os ateísmos contemporâneos.

No capítulo II, a psicóloga e doutoranda em Ciência da Religião, Silvia Gerusa Fernandes Rodrigues, aborda a rumorosa polêmica pública que envolveu dois professores da Universidade de Oxford, ambos biólogos. São eles: Alister McGrath e Richard Dawkins. As polêmicas escritas e as discussões face a face por eles protagonizadas ocorreram dentro do melhor estilo acadêmico inglês. Tinham como ponto central precisamente a base biológica da tese da existência ou não existência de Deus. A autora menciona também outros tópicos sobre os quais se apoia a radical defesa do neoateísmo assumida por Dawkins como sendo uma exigência irrecusável das evidências trazidas à luz pelas Ciências Biológicas. Entre esses tópicos estão o da explicação das religiões como epifenômeno do processo natural de seleção, a crença em Deus como um mero delírio e a rejeição a qualquer tipo de crença no sobrenatural. O *Desenho inteligente* é um outro aspecto bombardeado por Dawkins e, por outro lado, até certo ponto considerado hipoteticamente por Alister McGrath, que se contrapõe a cada uma das afirmações de seu colega de Oxford. O que ele tenta demonstrar, partindo de seus conhecimentos de Biologia, é que os argumentos de Dawkins contra as religiões não são tão objetivos e apodíticos como ele alardeia em obras como *Deus: um delírio* (DAWKINS, 2007).

O capítulo III é escrito por dois autores: Wojciech Mittelstaedt e Edenio Valle, ambos psicólogos da religião. Eles escolheram como tema de suas considerações um dos debates mais famosos dos últimos tempos, travado entre dois filósofos da mente, ambos estado-unidenses: Daniel Dennett e John Searle. A polêmica teve especial repercussão pelo fato de ter como primeiro palco a conhecida *The New York Book Review*, o que lhe garantiu uma audiência sem precedentes para uma disputa que em princípio era acadêmica e filosófica. Os dois pensadores têm importantes pontos de vista científicos em comum (por exemplo, propugnam o naturalismo e se afastam do dualismo), mas divergem enquanto filósofos. Um dos fatores que se acaba tornando importante na discussão entre eles é a associação que se estabeleceu entre Daniel Dennett e Richard Dawkins, o renomado biólogo que se acabou tornando o grande paladino do ateísmo na mídia internacional. Os autores do capítulo descrevem como essa polêmica caminhou nos decênios seguintes, envolvendo no fim questões relativas à inteligência artificial e à hipertecnologia biológica.

O capítulo IV, da pena da neuropsicóloga e doutora em Ciência da Religião, Beatriz Ferrara Carunchio, discute a cordial mas forte disputa que se deu entre o fundador da Psicanálise, Sigmund Freud, um ateu convicto, e o psicanalista de primeira hora Oskar Pfister, pastor luterano, com quem o fundador da Psicanálise trocou durante decênio intensa correspondência. Entre ambos, para lá da discordância de fundo analítico no tocante à religião e à fé que Pfister sempre viu como algo positivo para o amadurecimento religioso das pessoas. Quanto ao conceito de ilusão que Freud julgava inerente à fé religiosa, a divergência entre os dois se tonou patente quando Pfister manifestou suas críticas ao livro de Freud *O futuro de uma ilusão*. Freud foi tão correto na aceitação do ponto de vista de Pfister, que publicou o texto desse último na *Revista Internacional de Psicanálise*, da qual era ele o diretor. Um ponto importante da contribuição que Beatriz Carunchio dá a este livro é a complementação que ela oferece com relação a uma visão atualizada às neurociências que Freud conhecia, segundo os padrões de sua época, mas às quais não deu a devida importância em sua teoria psicanalítica.

A segunda parte é também composta por quatro capítulos. Eles são de índoles mais cultural e de sociopolítica mais especulativa, bem ao gosto dos europeus. São aspectos que permeiam todo o panorama histórico-religioso da Europa ex-cristã. Podem ser úteis e mesmo indispensáveis para uma adequada compreensão da crise ora em curso em países como a França, a Itália e a Espanha ou Portugal. Para facilitar ao leitor o entendimento dessa situação, o grupo de pesquisa tomou a decisão de se concentrar em *maitres à penser* de língua francesa, partindo do pressuposto de que a França reflete bem o que se passa nos demais países de língua e cultura latina e católica e, *mutatis mutandis*, também no Brasil contemporâneo.[5]

Na segunda parte, capítulo V, a psicóloga e doutora com pós-doutorado em Ciência da Religião pela PUC-SP, Cátia Cilene Lima Rodrigues, apresenta o debate sobre a irreligiosidade na perspectiva do pensamento laico de A. Comte-Sponville e Luc Ferry. Os dois filósofos franceses são abordados a partir de sua obra conjunta *A sabedoria dos modernos,* enfocando especialmente suas percepções sobre o ateísmo, a superação da religião pela ética e o pressuposto de espiritualidade enquanto equilíbrio emocional. O texto discute, ainda, a questão da construção da felicidade centrada na religião e em fundamentos morais como dever à salvação. E, finalmente, o capítulo, em sua última parte, se detém no debate filosófico desses autores sobre esperança, desespero e sentido existencial na relação com a religião e a possibilidade de construção de uma espiritualidade laica como expressão de sabedoria humana.

O capítulo VI dessa segunda parte é da autoria de Fatima Regina Machado, doutora em Comunicação e Semiótica pela PUC-SP e em Psicologia pela USP, com pós-doutorado em Ciência da Religião, na PUC-SP. Em seu estudo, ela delineia algumas convergências e divergências presentes no pensamento de dois conhecidos filósofos da cultura, Luc Ferry e Marcel Gauchet, ambos franceses. O texto indica não só os pontos de contato e afastamento entre ambos como complementa o pensamento de um e de outro com relação às metamorfoses pelas quais passam na França de hoje a cultura,

---

[5] O grupo tomou contato também com autores de língua alemã (cf. STRIET, M., 2008; de língua italiana cf. VATTIMO, 2001) e espanhola (cf. CORBI, 2007). A pesquisa sobre esses autores ficou para uma outra fase de estudos.

as ideologias, a política e a religião. Para Fatima Machado, o traço mais importante que os dois autores têm em comum é o da "saída da religião". Ela indica também algumas diferenças entre um e outro. Seu objetivo maior parece ser o de enfatizar a necessidade de um refinamento e aprofundamento da presumida "saída da religião" que esses pensadores constatam como um fato histórico na França hodierna, insinuando, de alguma maneira, que eles existem também em nosso país.

O capítulo seguinte, VII, foi elaborado pela psicóloga clínica e professora de Psicologia da Religião, doutora Eliana Massih, que retoma algo do que foi dito por Fatima Regina Machado, mas detém-se mais na leitura do historiador Michel Gauchet. Massih, que é também doutora em Ciência da Religião, presta atenção especial ao que Gauchet critica nos conceitos de Ferry que soam como teológicos (como os de "sagrado", "transcendência" ou "homem-Deus"). Em seus comentários ela, pondo-se em seu lugar de cientista da religião e de psicóloga clínica, sugere que Gauchet, um historiador da cultura francesa, busque dialogar mais com cientistas da religião. Para tanto, indica a Gauchet três possíveis interlocutores: o antropólogo Clifford Geertz, o paleontólogo evolucionário Pascal Boyer e o arqueólogo da religião Steven Mithen, que, segundo Massih, poderiam oferecer aos dois franceses pistas preciosas para a compreensão do fenômeno que está provocando na França o que eles chamam de "saída da religião" cristã tradicional, que Marcel Gauchet – um ateu(?) desencantado(?) do mundo(?) – e Luc Ferry – um pensador que usa uma terminologia quase cristã – julgam fazer parte de um patrimônio histórico-espiritual que mantém o seu valor mesmo numa sociedade secularizada como a francesa.

O capítulo VIII é da lavra do já falecido Afonso Maria Ligório Soares, coordenador do Programa de Ciência da Religião da PUC-SP. Quer ser uma homenagem do grupo à mente brilhante e inquieta desse cientista da religião e teólogo que no ano de 2012 e 2013, como coordenador do programa, incentivou alguns dos atuais participantes do grupo a se dedicarem ao estudo dos neoateísmos e de outras modalidades de irreligiosidade. Afonso Soares, se continuasse vivo entre nós, teria provavelmente sido um dos coautores deste livro e trabalharia melhor as ideias que ele condensou na recensão por ele feita sobre um livro de Alain de Botton, intitulado *Religião para ateus* (cf. SOARES, 2012). O texto póstumo de Afonso Soares tem especial sentido no conjunto dos capítulos da segunda parte porque mostra e analisa a repercussão de De Botton, um suíço que trabalha na Inglaterra, mas que logrou em países europeus de longa tradição cristã como Espanha, Itália, Portugal e Brasil.

Edenio Valle*

Bibliografia de referência

ALETTI, M.; FAGNANI, D.; ROSSI, G. (Org.). *Cultura, mente e cervello: nuove prosppettive in Psicologia della Religione*. Torino: Centro Scientifico Editore, 2006.

ATRAN, S. *In God we trust: The evolutionary landscape of Religion*. Oxford/ New York: Oxford University Press, 2002.

BARBOUR, I. G. *Quando a ciência encontra a religião*. Inimigas, estranhas ou parceiras. São Paulo: Cultrix, 2004.

BICKLE, John. *The Oxford Handbook of Philosophy and Neuroscience*. Oxford: The Oxford University Press, 2009.

BOWLBY, John. *Apego e perda: apego*. 3. ed. São Paulo: Martins Fontes, 2001 (v. 1 da trilogia).

BOYER, P. *Religion expplained: The evolutionary, origins of religious though*t. New York: Basic Books, 2001.

CAZAROTTO, José Luiz. Ciências biológicas, neurociências e religião. In: PASSOS, João Décio; USARSKI, Frank (Org.). *Compêndio de Ciência da Religião*. São Paulo: Paulinas/Paulus, 2013, p. 367-382.

---

* Professor de Psicologia da Religião e coordenador de grupo de pesquisa.

CHURCHLAND, P. *Neurophilosophy at work*. Cambridge: Cambridge University Press, 2007.

COMTE-SPONVILLE, A.; FERRY, Luc. *A sabedoria dos modernos*. Lisboa: Instituto Piaget, 2001.

CORBÍ, Marià. *Hacia uma espiritualidad laica, sin creencias, sin religiones sin dioses*. Barcelona: Herder, 2007.

CRUZ, Eduardo R. Em busca de uma história natural da religião. In: USARSKI, Frank (Org.). *O espectro disciplinar da religião*. São Paulo: Paulinas, 2007, p. 259-280.

_____. Ciências naturais, religião e teologia. In: PASSOS, João Décio; USARSKI, Frank (Org.). *Compêndio de Ciência da Religião*. São Paulo: Paulinas, 2013, p. 115-128.

_____. *Homo Capax Dei*. Neurociências e a nova imagem de Deus. *Concilium. Revista Internacional de Teologia*, n. 362, n. 4, p. 105-115, 2015.

DE BOTTON, A. *Religião para ateus*. São Paulo: Intrínseca, 2011.

DE FRANCO, Clarissa, *O ateísmo de Richard Dawkins nas fronteiras da ciência evolucionista e do senso comum*. (Tese de doutorado em Ciência da Religião). São Paulo: PUC-SP, 2014.

_____; PETRONIO, Rodrigo (Org.). *Crença e evidência. Aproximações e controvérsias entre religião e teoria evolucionária no pensamento contemporâneo*. São Leopoldo: Editora Unisinos, 2014.

DENNETT, Daniel. *Quebrando o encanto*. A religião como fenômeno natural. Rio de Janeiro: Globo, 2006.

DUQUE, João Manuel. *Dizer Deus na pós-modernidade*. Lisboa: Faculdade de Teologia da Universidade Católica Portuguesa, 2003.

ECKLUND, Elaine Howard. *Science and Religion. What scientists really think*. Oxford: University Press, 2010.

FERREIRA, Vicente de Paula. *Cristianismo não religioso no pensamento de Gianni Vattimo*. Aparecida: Editora Santuário, 2015.

LENNAERS, Roger. *Viver em Deus sem Deus?* São Paulo: Paulus, 2014.

HALL, Stuart. *A identidade culrural na pós-modernidade*. Rio de Janeiro: Editora DP&A, 2004.

HUTSEBAUT, D. Post-critical belief. A new approach to the religious attitude problem. *Journal of Empitical Theology*, 1966, 9, p. 48-66.

MARTIN, Michael. *Cambridge Companion to Atheism*. New York: Cambridge University Press, 2013.

MARTINS, L. B.; ZANGARI, Wellington; MACHADO, F. R. Possibilidades darwinistas para o estudo de experiências anômalas. In: DE FRANCO; PETRONIO, R. *Crença e evidência. Aproximações e controvérsias entre religião e teoria evolucionária no pensamento contemporâneo*. São Leopoldo: Editora Unisinos, 2014.

MASSIH, Eliana. Psicologia evolucionária e religião. In: PASSOS, João Décio; USARSKI, Frank (Org.). *Compêndio de Ciência da Religião*. São Paulo: Paulinas, 2013, p. 383-398.

McNAMARA, P. (Ed.). *Where God and Scienc meet. How Brain and Evollution studies alter our understanding of Religion*. West Port: Connecticut and London, 2006 (3 v.).

MINOIS, Georges. *História do ateísmo*. São Paulo: UNESP, 2013.

MITHEN, S. J. *A pré-história da mente: uma busca das origens da arte, da religião e da ciência*. São Paulo: UNESP, 2002.

OLIVEIRA, Manfredo; ALMEIDA, Custódio (Org.). *O Deus dos filósofos contemporâneos*. Petrópolis: Vozes, 2002.

OTTA, Emma; YAMAMOTO, Maria Emíliam. *Psicologia evolucionista*. Rio de Janeiro: Koogan, 2009.

PAIVA, Geraldo J. *A religião dos cientistas. Uma leitura psicológica*. São Paulo: Loyola, 2000.

QUEIROZ, J. J. Deus e crenças religiosas no discurso filosófico pós-moderrno. Linguagem e religião. *Revista Eletrônica REVER – Revista de Estudos da Religião*, 2006, n. 2 (ww.pucsp.br/tever/rrv2-2006/p-queiroz.pdf). Acesso em: 01/04/2008.

QUEIROZ, José J. Deus e a espiritualidade sob olhares científicos pós-modernos: limites e possibilidades da nova biologia, da genética e da Neurociência no campo da(s) Ciência(s) da Religião. In: SUMARES, Manuel et alii. *Religiosidade. O seu carácter irreprimível. Perspectivas Contemporâneas*. Braga: Universidade Católica Portuguesa, 2010, p. 31-56.

RIBEIRO JR., Jorge Claudio. Sem-religião no Brasil: dois estranhos sob o guarda-chuva. *Cadernos IHU-Ideias*, Ano 11, n. 198, 2013 (PDF).

ROCHA, Alessandro R. *Filosofia, religião e pós-modernidade*. São Paulo: Editora Idéias e Letras, 2014.

SILVA, Rogério Fernandes. *Graças a Deus sou ateu. Humor e conflito entre ciência e religião nas comunidades neoateístas do Facebook*.

SILVER, C. F.; COLEMAN, J. T.; HOOD, R. W.; HOLCOMBE, J. M. The six types of non-believers; A qualitative and quantitative study of type and narrative. *Mental Health, Religion and Culture*, v. 17, n. 100, p. 990-1001, 2014.

SOARES, Afonso Maria Ligório. DE BOTTON, Alain. Religião para ateus. *Revista de Estudos da Religião – REVER* (resenha), Ano 12, n. 1, p. 277, 2012.

TEIXEIRA, Faustino; MENEZES, Renata (Org.). *Religiões em movimento. O censo de 2010*. Petrópolis: Vozes, 2013.

TEIXEIRA, João de Fernandes. *Filosofia do cérebro*. São Paulo: Paulus, 2012.

VALLE, Edenio. Neurociências e religião: interfaces. *Revista de Estudos da Religião-REVER*, n. 3, p. 1-46, 2001.

_____. Religião e ética no neoateísmo contemporâneo: um balanço crítico provisório. In: III SIMPÓSIO LUSO-BRASILEIRO DE FILOSOFIA E CIÊNCIA DA RELIGIÃO. Braga: Universidade Católica Portuguesa, 2011.

_____. Ciências cognitivas, Filosofia da mente e fenomenologia: um debate contemporâneo. In: CRUZ, Eduardo R.; De MORI, Geraldo (Org.). *Teologia e Ciências da religião. A caminho da maioridade acadêmica no Brasil*. São Paulo: ANPTECRE/Paulinas, 2011, p. 143-174.

VALLE, Edenio. Ética, pós-modernidade e educação humanizadora. In: DALLA COSTA, A. Amélio et alii (Org.). *Educação humanizadora e os desafios éticos na sociedade pós-moderna*, Santa Maria: Biblos, 2015, p. 72-99.

VATTIMO, Gianni. *Dopo la Cristianità. Por um Cristianésimo non-religioso*. Milano: Garzanti, 2001.

VILLASENOR, Rafael Lopez. *Os "sem religião" no ciberespaço. Interfaces da religiosidade nas comunidades virtuais*. (Tese de doutorado em Ciências Sociais). São Paulo: PUC-SP, 2013.

WALTERS, K. *Ateísmo. Um guia para crentes e não crentes*. São Paulo: Paulinas, 2015.

PRIMEIRA PARTE

OS DEBATES SOBRE O ATEÍSMO NA PERSPECTIVA DO NEODARWINISMO CONTEMPORÂNEO

CAPÍTULO I

ATEÍSMO, EVOLUÇÃO E COGNIÇÃO
BASES CONCEITUAIS DE SUSTENTAÇÃO DO NEODARWINISMO DE RICHARD DAWKINS

Clarissa de Franco

Introdução

Há aproximadamente uma década, sob o impacto do cenário pós 11 de setembro de 2001, iniciou-se uma sequência de publicações que hoje são consideradas parte de um ateísmo que reivindica, dentre outros elementos, a religião como sendo um fenômeno natural, para o qual, portanto, os seres humanos estariam "naturalmente" predispostos a partir de referenciais das teorias cognitiva e neodarwinista. O ateísmo contemporâneo também exalta o caráter de malefício social das religiões (aproveitando-se da construção social de um imaginário de terror), focando-se prioritariamente em um discurso contra as religiões majoritárias. O neoateísmo, e, em especial seu maior expoente, Richard Dawkins, considera a hipótese de Deus possível de ser debatida dentro do âmbito da ciência.

Basicamente, esse movimento ateísta engloba não apenas autores expressivos, mas também ateus anônimos que passaram a se organizar por meio de estratégias políticas e midiáticas. No Brasil, os dados do último Censo do IBGE (2010) apontam aproximadamente 15 milhões e 300 mil de "sem religião" no Brasil, dentre os quais aproximadamente 615 mil seriam ateus declarados. No mundo, a representatividade ateísta tem crescido em muitos países.

Os ateus contemporâneos organizam-se em grupos e associações, e muitos desses grupos possuem caráter político, como a ATEA (Associação Brasileira de Ateus e Agnósticos). Nossos estudos anteriores (FRANCO, 2014) apontaram um empoderamento dos ateus na sociedade atual, a partir das possibilidades que a secularização e o Estado laico trouxeram. A tal fenômeno, damos o nome de "vingança moral dos ateus" (FRANCO, 2014). A laicidade do Estado, que protege a pluralidade de manifestações religiosas, tem tido como consequência o empoderamento do discurso ateísta, que sente respaldo em um Estado que não pode mais apoiar legalmente uma religião majoritária, e ao mesmo tempo torna a voz dos religiosos tradicionais nas plenárias públicas marcada como um lugar de desconforto, obsolescência e inadequação.

Além dessa característica de organização social que se utiliza das condições morais e políticas do momento, o ateísmo atual tem mais uma característica que poderia justificar seu termo "neo": o respaldo das ciências naturais para embasar os argumentos contrários à existência de Deus e das religiões.

Para compreender o pano de fundo conceitual e acadêmico que embasa os debates acerca do ateísmo contemporâneo, apresentamos alguns pressupostos da psicologia evolucionista, dos estudos cognitivos, das neurociências e da filosofia da mente, inspirados no neodarwinismo, entre outras teorias. O capítulo poderá servir como uma introdução ao importante debate deste livro, feito a várias mãos.

1. Predisposições cognitivas da religião nos pressupostos científicos do ateísmo neodarwinista de Richard Dawkins

Quando Richard Dawkins propõe a religião como um processo patológico da mente, evocando a palavra "delírio" e sua definição de "falsa crença persistente que se sustenta mesmo diante de fortes evidências que a contradigam" (DAWKINS, 2007, p. 29), está atuando em um campo que não traz conexão imediata com outros conceitos e analogias que ele próprio utiliza para religião, como "vírus" (p. 248) e "abuso" (p. 396).

Há, por trás da(s) concepção(ões) de religião desse autor, um importante e denso debate, que se reporta à predisposição da espécie humana de atribuir aos fenômenos características que não necessariamente são inerentes ou naturais a eles.

Primeiramente, cabe considerar que falar sobre a natureza de qualquer coisa é sempre um problema do ponto de vista acadêmico. O que seria exatamente natural e não natural? Os automóveis, por exemplo, não fazem parte da natureza biológica dos seres, mas fazem parte da natureza construída culturalmente pelo ser humano. Estariam tão adaptados ao nosso cotidiano, que causa estranhamento considerá-los não naturais. Essa "natureza construída" é o que costumamos denominar cultura. Quando citamos automóveis, fica fácil identificar as mãos da civilização em seu desenvolvimento, mas... e quando pensamos em comportamentos humanos? Como identificar o que seria biologicamente natural em termos de comportamentos (incluindo nesse conceito questões genéticas, psicológicas, emocionais, relacionais, morais, dentre outras), separando estes dos comportamentos desenvolvidos por meio de padrões culturais (hábitos, condicionamentos, costumes, valores, rituais, aprendizados, normas...).

> Hoje em dia, é totalmente equivocado indagar se os humanos são flexíveis ou programados, se o comportamento é universal ou varia entre as culturas, se os atos são aprendidos ou inatos, se somos essencialmente bons ou essencialmente maus. Os humanos comportam-se de maneira flexível *porque* são programados: suas mentes são dotadas de *software* combinatório capaz de gerar um conjunto ilimitado de pensamentos e comportamentos. (...) O comportamento inteligente é aprendido com êxito porque temos

sistemas inatos que se incumbem do aprendizado (PINKER, 2004, p. 67).

É essa difícil tarefa que estudiosos evolucionistas têm tentado enfrentar e aqui trabalharemos com uns deles (BOYER, 2001, 2006; BARRET, 2010; DENNETT, 2006; DAWKINS, 2007; BULBULIA, 2007; GUTHRIE, 1993). Inicialmente, portanto, estamos aqui para discutir e reconhecer o "pré-cultural", que seria análogo a identificar as predisposições presentes em nosso aparelho biológico, incluindo a mente nesse processo. Isso não significa, de modo algum, eliminar a cultura como influente no comportamento humano, mas colocar o aparato biológico como fonte que torna possível o conhecimento adquirido culturalmente.

Daniel Dennett (2006) confirma de maneira contundente que o fenômeno religioso não deve ser compreendido sob a ótica do sobrenatural. Crenças, como qualquer outro fenômeno humano, estariam no campo de nossa natureza e, por tal motivo, podem e devem ser estudadas do ponto de vista de nossas predisposições mentais e cognitivas.

A religião como natural é uma das principais reivindicações dos estudiosos evolucionistas do assunto. A despeito desse posicionamento não ser novo na ciência, é importante reconhecer a dimensão dessa afirmação. Transcendência, Deus, entidades espirituais seriam consequências ou derivações de processos mentais, o que em última instância é similar a dizer que religião é uma produção da mente para a qual estamos significativamente tendenciados.

Religião como projeção mental não é uma ideia nova. Podemos observá-la em Feuerbach (1989) e Freud (2010). Entretanto, há algo além da ideia de projeção inserida nesse debate contemporâneo. Para os evolucionistas, não é uma projeção apenas, no sentido de imaginação ou criação fantasiosa da mente; mas sim uma predisposição de nosso aparelho biológico.

O antropólogo Pascal Boyer (2001, 2002) indica que cada traço religioso seria resultado de determinadas predisposições humanas. Na verdade, ele postula que a "universalidade" de conceitos religiosos seria advinda de subprodutos de sistemas cognitivos desenvolvidos fora da religião, basicamente a partir de fenômenos biológicos como a exaptação, um subtipo da adaptação evolutiva, melhor conceituada a seguir.

Claudia Sepúlveda e Charbel Niño El-Hani (2007) atentam para o fato de existirem diferentes concepções do termo "adaptação", que frequentemente são utilizadas de maneira indiscriminada, misturando erroneamente os conceitos de produto e processo.

Para nos focarmos em uma definição da área biológica com boa aceitação, recorramos à definição sucinta de Bock (1979, p. 39): "uma adaptação é uma característica do organismo que interage operacionalmente com algum fator do seu ambiente de tal modo que o indivíduo sobrevive e se reproduz". Basicamente, a adaptação é uma característica produzida para a função que exerce.

Já a ideia de exaptação, elaborada pelo paleontólogo Stephen Jay Gould em parceria com Elizabeth Vrba (1982), aponta para características que não teriam sido projetadas pela seleção natural para a função atual que exercem. Nesse sentido, também se tratam de elementos que foram originalmente produzidos para promover aptidão para a sobrevivência ou reprodução, mas que foram cooptados para outras funções. Devemos lembrar que, dentro da perspectiva evolucionista, tais sistemas cognitivos seriam desenvolvidos com foco na sobrevivência e na reprodução da espécie. A partir dessa concepção, a religião seria derivada de mecanismos de sobrevivência e reprodução humanas, mecanismos básicos a nossa espécie.

Dentre as principais predisposições cognitivas que teriam sido cooptadas para a religião, temos o mecanismo de detecção de agentes ou o "dispositivo de detecção de agências hiperativas" (DDAH), conhecido como uma tendência humana a identificar seres ou entidades a partir de situações ou objetos não animados. Trata-se de uma percepção "fina", uma sutileza dos componentes mentais. Especula-se que tal mecanismo tenha a função de proteção para a espécie e que teria sido projetado com a finalidade de escapar de predadores ou encontrar presas na alimentação, colocando ênfase na questão prioritária do evolucionismo, que é a sobrevivência.

Essa predisposição de detecção de agentes associa-se facilmente à antropomorfização de agências hiperativas. A percepção de "entidades" levaria-nos a atribuir características animistas e antropomórficas aos objetos, ou seja, características de movimento e atributos humanos, tais como traços físicos e psicológicos. Joseph Bulbulia (2007) traz o exemplo de se identificar rostos em nuvens ou vilões em sombras. Acredita-se que esse dispositivo teria sido desenvolvido também com fins ligados à sobrevivência, entretanto, alguns (GOUVÊA apud FRANCO e PETRONIO, 2014) sugerem que o mecanismo facilitaria a identificação e empatia entre os seres humanos, o que acabaria por promover fortalecimento grupal.

Stewart Guthrie (1993) lembra que a tendência humana ao antropomorfismo conduz à necessidade de atribuirmos intencionalidade à natureza. Tal traço nos protegeria de ameaças, uma vez que tornaria possível identificar estratégias de inimigos. É uma predisposição que põe o ser humano em alerta, podendo se antecipar a determinados acontecimentos. Associada à detecção de agentes, a antropomorfização pode gerar "a impressão de que a agência oculta é uma personalidade, uma entidade viva, com a qual podemos nos relacionar" (GOUVÊA apud FRANCO e PETRONIO, 2014).

Ao atribuirmos intencionalidade a objetos ou seres, muitas vezes emprestamos a eles propósitos ou finalidades (pensamento teleológico), razão pela qual alguns autores como Deborah Keleman (1999, 2003, 2004), têm identificado nas crianças predisposições para a ideia criacionista. Segundo a autora, as crianças precisam saber para que servem os objetos ou as formulações construídas pelos adultos, por isso, a necessidade de atribuir um propósito ou uma finalidade para as coisas, e a explicação de um Deus criador se "encaixaria" nesse modelo de tendência.

O mecanismo de atribuição de intencionalidade a agentes hiperativos pode ser subsidiado pelos estudos de Steven Mithen (2003) e Steven Pinker (1999) acerca da teoria da mente, que trata basicamente da fluidez e interação modular cognitiva da mente, que teriam sido responsáveis por promover a capacidade abstrata de simbolização vista no ser humano.

Através de observações de crianças, o pesquisador Paul Bloom (2000) argumenta acerca do mentalismo, considerando que somos naturalmente dualistas, ou seja, "preparados" fisiologicamente para "enxergar" distinções correspondentes entre matéria e corpos imateriais (amigos imaginários, espíritos e outras produções da mente). O dualismo nos predisporia a interpretar a realidade, atribuindo-lhe animismo, o que é facilmente convertido em explicações sobrenaturais. Para uma mente dualista, esse mecanismo nos inclinaria às crenças separatistas em geral, fortalecendo a premissa de um mundo sobrenatural separado, em termos de substância e outras qualidades, do natural.

Nesse sentido, Bloom (2000) suporia que o pensamento religioso segue tendências infantis e não amadurecidas da mente, uma vez que é comum e "aceitável", dentro de certos padrões culturais, crianças possuírem amigos imaginários e fantasias animistas de que os objetos têm poder. A esse respeito, Dawkins (2007) ressalta que mesmo que o posicionamento intelectual de um adulto não seja dualista, tal pessoa será suscetível a explicações dessa ordem.

Justin Barrett (2010) cita o realismo moral como outra característica da mente. Seríamos predispostos a possuir intuições morais que separam os conceitos de certo e errado de maneira absoluta e imutável. Isso não quer dizer que não mudamos de opinião e valores, mas que temos tendência a crer desse modo. As religiões reforçariam essa tendência.

Apesar das críticas existentes à Teoria da Mente (que não serão abordadas aqui, em função desse não ser nosso foco), ela fornece pistas para uma predisposição humana de inferir sobre estados psicológicos das outras pessoas e moldar os comportamentos para atuar a partir de tais inferências. Quando aplicada à religião, a Teoria da Mente reforçaria o "uso" do mecanismo de interpretação e atribuição de intencionalidade a uma mente considerada superior, como Deus.

Além da detecção de agentes, da tendência à antropomorfização, atribuição de intencionalidade, dualismo e realismo natural, é apontado também um outro mecanismo que teria sido cooptado para o sistema de crenças, ligado à *folk psychology* e à contraintuição. Contraintuições seriam quaisquer representações que se chocam com as percepções "intuitivas" de tempo, espaço, causalidades racionais, tamanho, entre outras, tidas como dentro da "normalidade" humana. Como exemplos de contraintuições, temos as impressões presentes nas possibilidades fantásticas, como atravessar paredes, conversar com objetos, emitir raios pelos olhos...

Por outro lado, as percepções intuitivas comporiam a chamada *folk psychology* – psicologia cotidiana ou ingênua –, que abarca "o conhecimento tácito usado espontaneamente no pensamento prático, sem que dele estejamos necessariamente conscientes" (PYYSIÄINEN, 2003, p. 19). Considera-se que tal conhecimento conduz o comportamento das pessoas em geral no cotidiano, mesmo as que possuem instrução acurada, desde que não estejam atuando nos parâmetros da instrução.

O sistema da *folk psychology* traz um tipo de conhecimento que permite prever acontecimentos, baseado em premissas advindas da experiência prática. Esse permanece sendo um tipo de recurso cognitivo sempre acessível e válido, independente dos avanços científicos.

Conforme se vê em Pyysiäinen (2003, p. 136), quando se trata de contraintuição, as representações que fogem à lógica do senso comum também "beberiam" da mesma fonte. De modo paradoxal, as representações contraintuitivas nascem da própria lógica intuitiva, da qual contrastam. Em linguagem neodarwinista, as representações contraintuitivas seriam subprodutos da *folk psychology*, e possibilitariam comportamentos e ideias ficcionais, como produções artísticas e literárias, crenças religiosas e traços psicopatológicos. Tudo o que confronta as "leis" da percepção "normal" humana pode ser considerado contraintuitivo.

As contraintuições religiosas, tais como a crença de que existam entidades sobrenaturais e que essas teriam determinados atributos (onisciência, onipotência, onipresença, propriedade atribuída a espíritos de atravessar objetos, de se comunicar com os seres vivos...), seriam traços que violam as expectativas humanas intuitivas. O contraintuitivo impressiona, sendo facilmente memorável e agregado à experiência.

A teoria contraintuitiva leva em conta que a evolução teria dotado nossa espécie de uma estrutura neurológica que tornaria possível o ajuste das "estranhezas" da percepção mental humana para fins evolutivos. Para Ricardo Quadros Gouvêa (FRANCO e PETRONIO, 2014), a função da contraintuição na mente é gerar antítese e paradoxalidade, evitando o dogmatismo.

Ao tentar aplicar essas bases conceituais que explicam a religião ao ateísmo, alguns autores são partidários da posição de que o ateísmo seria um caminho que requer maior esforço cognitivo, considerando-o menos natural que a religião (BARRETT, 2010). Barrett baseia suas afirmações na visão de que os mecanismos que explicam a religião (detecção de agentes, realismo moral e dualismo) não explicam o ateísmo, sendo esse um caminho mais difícil e custoso do ponto de vista cognitivo, uma vez que a pessoa teria que quebrar barreiras naturais para se firmar como ateísta.

Norenzayan e Gervais (2013), ao tentarem explicar o funcionamento psicológico dos ateus, trazem o tipo *mindblind atheism*, que se refere a padrões de pessoas que teriam dificuldades no processo "natural" de mentalização, ou seja, processos que nos predisporiam a "ver" agentes sobrenaturais. Tais pessoas, com habilidade de mentalização relativamente fraca, seriam menos suscetíveis a interpretar o mundo como religioso.

Os autores também argumentam que o ateísmo nem sempre exige esforço cognitivo, sendo o caminho "natural" do *mindblind atheism* uma forma mais prevalente e duradoura de ateísmo. A deliberação racional seria apenas uma das rotas para a descrença, e não a única rota, como parece propor o ateísmo de Dawkins, que apresenta o caminho ateísta como fruto de maior esforço cognitivo e maior capacidade de elaboração. Nesse sentido, no qual essa comunicação encontra eco, consideramos que o caminho ateísta também passa por processos cognitivos "naturais" e "condicionantes". Se a religião é fruto de condicionamentos mentais, poderíamos propor que o ateísmo também o é.

Em outra linha de pensamento, que alia psicanálise e psicologia evolucionista, o psicólogo Lee Kirkpatrick (2005) traz outra leitura para a questão da religião. Ele sugere que um dos sistemas cooptados pelas crenças na trajetória da evolução seria o sistema de apego. A partir dos pressupostos da teoria do apego do psicanalista John Bowlby (1984), Kirkpatrick indica que teríamos um mecanismo psicológico de promoção da sobrevivência e da prole, designado a monitorar cuidados parentais e a guiar comportamentos de acordo com esses cuidados. O sistema de apego buscaria elementos que causam sensação de proteção, configurando-se como uma base de segurança contra medo e estresse. A religião, como subproduto evolutivo, estaria vinculada ao sistema de apego através dos relacionamentos humanos com deuses em termos de apegos parentais.

Dawkins alimentou-se dessas teorias para compor seu quadro teórico de fundo a respeito do universo religioso. Ele sugere (DAWKINS, 2007, p. 128) que a religião seria apenas um "efeito colateral" de comportamentos úteis para a evolução da espécie. Segundo ele, a vantagem evolutiva encoberta pelo comportamento religioso seria o reforço dos comportamentos de obediência e confiança, úteis à nossa espécie, que promoveriam uma replicação das ideias religiosas similar ao funcionamento de um vírus. Para ilustrar sua hipótese da religião como subproduto, o autor cita o exemplo das mariposas que voam em direção à chama da vela e de qualquer luz que esteja nas proximidades, mesmo diante da forte possibilidade de se queimarem. Esse comportamento, que facilmente poderia ser interpretado como um ato suicida, deve ser visto, segundo Dawkins (2007, p. 228), como "efeito colateral" de uma necessidade vital ao grupo: a de guiar-se na escuridão. É desse modo que Richard Dawkins defende a ideia da religião como um subproduto evolutivo.

Apesar dessas considerações, no entanto, Dawkins tem a clássica afirmação de que não nascemos religiosos (2007, p. 432) e que as religiões são transmitidas de pais que "abusariam" mentalmente de seus filhos (p. 396-437). Ou seja, Dawkins, ao mesmo tempo, considera que a religião tem bases naturais, sendo subproduto de traços que originalmente serviriam a outros processos evolutivos e se perpetuando por meio dos replicadores chamados memes, e, por outro lado, afirma que a religião não é natural, pois não nascemos religiosos. Essa sutileza de raciocínio por vezes pode confundir seus leitores, mesmo os mais atentos.

2. Gene egoísta e seleção de grupo: um debate sobre instinto de fé e moralidade

A despeito do quadro apresentado acerca da religião como um subproduto de outros mecanismos evolutivos, alguns autores consideram que a religião seria adaptativa, por contribuir diretamente para questões evolutivas como sobrevivência e reprodução. Para ser considerado adaptativo, um comportamento deve ter uma função que se reverte em vantagens seletivas para a espécie. Tal comportamento teria sido moldado pela seleção natural para a manutenção das vantagens.

Nesse sentido, argumenta-se acerca da existência de um "instinto de religião" ou de fé (WILSON, 1978; BROMM, 1991; STAMOS, 2011), baseado principalmente na estratégia de promoção de solidariedade e coesão entre pessoas e grupos.

Stamos defende que deveríamos falar sobre um *conjunto de instintos* (2011, p. 286), já que trabalhar com uma unidade de compreensão da religião é problemático tanto em termos de funcionalidade quanto no sentido conceitual. Se admitirmos que religião só pode ser reconhecida em suas manifestações, aproximamo-nos das ciências sociais, matriz, entretanto, que tem pressupostos bastante distintos dos de base evolucionista como a de Richard Dawkins.

Pascal Boyer (2008) chega a chamar a religião, quando tomada como uma entidade em si, de ilusão (um de seus livros nomeia-se *The fracture of a ilusion*), argumentando que religião é resultado da interação de processos modulares cerebrais que se manifestam em predisposições psicológicas, ideia já aqui destacada acerca dos mecanismos evolutivos (detecção de agentes, antropomorfização, atribuição de intencionalidade...). O psicólogo Kirkpatrick (2005) complementa essa visão dos mecanismos que teriam sido cooptados pela religião, afirmando que a religião envolve diferentes sistemas de moralidade, crenças, rituais, e, por tal motivo, considera que elencar um mecanismo único no ser humano como explicativo às tendências religiosas é insustentável.

É importante verificar que, de um lado, há os autores que se articulam em favor da religião, como os já citados Dawkins, 2007, Boyer, 2001, 2002, Kirkpatrick, 2005 e outros, que entendem a religião como um mecanismo adaptativo, que teria trazido vantagens em termos evolutivos (WILSON, 1978; WADE, 2010; SOSIS, 2003, 2011; RIDLEY, 2000; STAMOS, 2011). Tais autores seriam divididos em cientistas e comunicadores de outras áreas (jornalistas, por exemplo).

Especificamente acerca do instinto de fé, a maior parte dos autores que o defende, argumenta que a promoção da coesão e fortalecimento grupal seria a justificativa evolutiva de tal instinto. Essa justificativa, entretanto, recai em uma ampla discussão acerca da seleção de gene e de grupo. Conforme veremos, a seleção de grupo é bastante criticada por muitos autores evolucionistas (WILLIAMS, 1996; WILSON, 1978; DAWKINS, 2001).

Em uma tentativa de resposta a esse debate, David Stamos desloca a ideia de instinto de fé (ou de religião) exclusivamente à de seleção de grupo:

O instinto de religião poderia ter evoluído por seleção de grupo, simplesmente porque aumentava a coesão do grupo e assim sua adequação, ou poderia ter evoluído por seleção individual, simplesmente porque os indivíduos dentro de um grupo que tendiam a ser mais religiosos, tendiam a se reproduzir mais, e desse modo, transmitir seus genes com maior frequência, ou poderia ter evoluído com uma combinação de ambas, envolvendo várias misturas de seleção individual e de grupo (STAMOS, 2011, p. 287).

E. O. Wilson (1978), um conhecido representante da sociobiologia e também propositor do instinto de fé, trabalha a ideia da religião como sendo exclusiva da espécie humana. A crença religiosa, segundo ele, seria "a força mais complexa e poderosa" em nossas mentes, "uma parte inerradicável da natureza humana" (WILSON, 1978, p. 169). O conjunto de instintos ligados à fé traria, em linhas gerais, predisposição a exibir conquistas, a obedecer lideranças, ao grupo se defender apresentando hostilidade ou xenofobia a estrangeiros, à subordinação aos interesses do grupo, mas principalmente, predisposição à doutrinação (p. 186).

Wilson trabalha com a ideia de *instintos* de religião – no plural – que teriam evoluído tanto através da seleção de grupo quanto por meio da seleção de gene. Para outros, conforme veremos a seguir, a seleção de grupo é o mecanismo por excelência que sustenta a sobrevivência da religião.

Nicholas Wade – um jornalista – escreveu o livro de título *The Faith Instinct* (2010), no qual argumenta a favor do instinto de fé, utilizando-se de achados arqueológicos para apoiar algumas de suas hipóteses. Sua tese central é de que a religião é universal e teria trazido vantagens evolutivas, uma vez que permitiu que determinados grupos criassem elo emocional e partilhassem objetivos comuns. O compromisso com os vínculos sociais que a religião favoreceria, impulsionaria o desenvolvimento de padrões morais e regras, a fim de fortalecer o grupo e criar estratégias de defesa. Embora considere o instinto de fé diferente do instinto de moralidade, Wade os relaciona. Para Wade, o instinto de fé seria como uma habilidade que pode ou não ser desenvolvida.

De modo complementar às ideias de Wade, Richard Sosis (2003, 2011) identifica nos sacrifícios e nos comportamentos dispendiosos de energia – como se faz frequente em muitos rituais religiosos – um padrão que seria benéfico à espécie humana.

A religião, na visão desse autor, traria soluções adaptativas para a necessidade de cooperação no interior de grupos. Os rituais, entendidos como uma forma de comunicação grupal, seriam sinalizadores do comprometimento dos indivíduos para com seus pares do grupo, uma vez que o sacrifício e o dispêndio de energia que se têm em rituais demonstra o alto grau de adesão do sujeito ao coletivo em que se insere, já que comportamentos de sacrifício seriam custosos demais para serem realizados por alguém que não estivesse plenamente comprometido com o grupo. Esse mecanismo facilita a identificação de possíveis aproveitadores, fortalecendo a cooperação e coesão grupal. Sosis pressupõe que essa relação de troca social promovida pela religião teria bases adaptativas para a espécie, já que os comportamentos que envolvem grande dispêndio de energia são frequentes nas religiões (sacrifícios, rituais, orações, restrições comportamentais...) e estes seriam sinalizadores de compromisso social. A coesão e a cooperação grupais trariam facilidades e vantagens evolutivas.

Essa teoria é reforçada por Matt Ridley (2000), que busca um fundamento para o comportamento moral. Ele compara o ser humano a abelhas e formigas – animais que também estabelecem sociedades complexas (chamados grupos eussociais) – em quesitos como divisão de trabalho e trocas sociais, nas quais se encontram benefícios de cooperação. Ridley pressupõe que a solidariedade e a cooperação seriam instintos sociais, que se reverteriam em benefícios evolutivos, em vantagens como prestígio social e atratividade sexual. Seu trabalho (em português: *As origens da virtude*) sugere que a virtude moral se fundamenta nas emoções que estabelecem pactos entre as pessoas, dependendo de fatores como a capacidade de empatia. Richard Dawkins é um crítico expressivo da seleção de grupo. Basicamente, Dawkins não atribui credibilidade à ideia de altruísmo e solidariedade em si, propondo que estes comportamentos considerados altruístas estariam a serviço do egoísmo do gene (DAWKINS, 2001, 2007).

A ideia do gene egoísta (com a ênfase devidamente aplicada na palavra gene (isto é, a unidade do egoísmo) não é o organismo egoísta, nem o grupo egoísta ou a espécie egoísta ou o ecossistema egoísta, mas o gene egoísta. É esse gene que, na forma de informação, ou sobrevive por muitas gerações, ou não sobrevive. Diferentemente do gene (e talvez do meme), o organismo, o grupo e a espécie não são o tipo de entidade para funcionar como unidade nesse sentido, porque não fazem cópias exatas de si mesmos, e não competem num universo de unidades autorreplicantes. Isso é exatamente o que os genes fazem, e essa é a justificativa – essencialmente lógica – para destacar o gene como a unidade de "egoísmo" no sentido especial e darwiniano de egoísmo" (DAWKINS, 2007, p. 280, 281).

O "sentido especial e darwiniano de egoísmo" merece ser esclarecido. Com base em argumentos da ordem da sobrevivência e da reprodução – principais preocupações da teoria evolucionista –, Dawkins propõe uma lógica amoral[7] para os seres. Tal lógica não leva em conta a intencionalidade do agente, mas sim o efeito da

---

[7] *Amoral* tomado aqui no sentido de sem moral, isento de concepções morais.

ação, ou seja, as definições naturalistas e evolucionistas da moralidade seriam baseadas nos comportamentos e não na subjetividade de quem atua. Em suas palavras: "uma entidade, tal como o babuíno, é dita altruísta se ela se comporta de maneira a aumentar o bem-estar de outra entidade semelhante à sua própria custa. O comportamento egoísta tem exatamente o efeito contrário" (DAWKINS, 2001, p. 24).

A lógica evolucionista de moralidade é ponto de debates com outras visões de mundo. Na chamada falácia naturalista, "natural" (ou aquilo que é presente na natureza) deve ser visto como moralmente correto. O "deve ser" deriva-se do que é e não dos consensos ideológicos sobre aquilo. Para escapar a tal falácia, alguns autores têm buscado alternativas conceituais, tais como o princípio de maior felicidade para o maior número de sujeitos (WRIGHT, 1996), ou a teoria dos jogos (RIDLEY, 2000).

Matt Ridley (2000) cita a sociedade de Hutterites, na qual a propriedade é de uso comum a todos. Quando a população aumenta, a comunidade vê-se obrigada a criar regras para a divisão de espaço, sendo uma delas a equivalência entre pessoas com especialidades profissionais.

A teoria dos jogos proposta por Ridley traz o conhecido "dilema do prisioneiro", no qual dois prisioneiros recebem a oportunidade de testemunhar contra o outro. Aquele que testemunhar, terá a pena reduzida e o denunciado terá a pena aumentada. O aumento da pena do acusado é maior que a redução do acusador. Como ambos estão sem comunicação, um não sabe o que o outro fará. Os possíveis resultados são: 1) os prisioneiros cooperam não testemunhando e as respectivas penas se mantêm; 2) os dois testemunham e ambos têm suas penas aumentadas, já que a pena de ser denunciado é maior do que a redução dada pelo testemunho; ou 3) apenas um deles testemunha, tendo sua pena reduzida, enquanto o outro tem sua pena acrescida ao valor máximo. O melhor desempenho é obtido na primeira alternativa, de ganho zero, uma vez que as outras duas têm resultado geral negativo; mesmo a terceira, pois o benefício ganho por um dos prisioneiros é menor do que a pena acrescida ao outro. O melhor, então, é um prisioneiro cooperar com o outro, não denunciando, esperando pela reciprocidade. Se jogado apenas uma vez, o dilema não tem solução. Quando jogado várias vezes, os envolvidos passam a conhecer a estratégia do outro. Após muitas jogadas, o resultado final tende à cooperação mútua, pois é o resultado que favorece mais a ambos.

Trabalhando com as noções de reciprocidade e cooperação, Ridley identifica que a disponibilidade para se sacrificar a curto prazo teria como motivação evolutiva benefícios ainda maiores obtidos a longo prazo. Segundo ele, grupos têm conseguido preservar o bem comum através de formas complexas de cooperação.

A esse respeito, Michel Ruse afirma de modo contundente: "o altruísmo é, obviamente, a condição *sine qua non* do comportamento social; de fato, pode-se dizer que, num certo sentido, ele é parte daquilo que definimos como comportamento social" (RUSE, 1983, p. 53).

Reforçando a importância do conceito de gene egoísta e sem negar o peso que parte dos evolucionistas confere ao altruísmo na evolução humana, Dawkins afirma, de modo a conectar as ideias de gene egoísta e altruísmo: "existem circunstâncias – que não são especialmente raras – em que os genes garantem sua sobrevivência egoísta influenciando os organismos a agir de forma altruísta" (DAWKINS, 2007, p. 281).

Ele cita que há dois tipos de altruísmo no reino animal: o altruísmo de parentesco e o altruísmo recíproco. O primeiro pode ser caracterizado como a tendência à cooperação entre membros que compartilham genes. Tendemos a cuidar e defender os familiares por conta da "probabilidade estatística de que aquele parente tenha cópia dos mesmos genes" (p. 281). O custo de cuidar de um familiar pode ser relativamente alto, mas seria recompensado geneticamente ao final. Nesse tipo de altruísmo, não se espera retorno concreto e consciente da cooperação.

Já altruísmo recíproco funciona na base de trocas, nas quais ambos os lados se beneficiam com a situação. "O caçador precisa de uma lança e o ferreiro quer carne", cita Dawkins (2007, p. 282). Nesse tipo de relação, a confiança adquire um lugar de importância, já que não há laços sanguíneos. Dawkins fala das estratégias que fazem com que o altruísmo recíproco funcione, como a de punir traidores, por exemplo. Além disso, também aborda estruturas secundárias que sustentam esse tipo de altruísmo, como a reputação.

Para alguns evolucionistas, como Ridley (2000), o altruísmo recíproco só se teria desenvolvido por trazer benefícios adaptativos em relação à cooperação, da qual se teria derivado a moralidade. Nesse sentido, a religião seria adaptativa e não um subproduto da evolução, como sugerem Dawkins (2007), Boyer (2001, 2006), Atran (2002). Para Ridley (2000), a moralidade se encontraria vinculada diretamente aos mecanismos de cooperação e confiança produzidos por regras de troca que estariam além dos altruísmos de parentesco e recíproco.

> O comportamento moral seria fruto do desenvolvimento de uma linha evolutiva que teria como contraponto o comportamento rígido das sociedades de insetos com muito pouca flexibilidade para responder às alterações externas. Ele estaria baseado em um sentimento de obrigação, de dever que não nos determinaria, mas nos inclinaria fortemente a agir segundo regras. (...) Seria considerado uma forma altamente eficaz de manter a cooperação e a confiança entre os indivíduos de um grupo, pois estabeleceria um vínculo entre eles não sustentado apenas por uma "transação indivíduo-indivíduo". Estaria fundado em um sentimento do que deve ser feito, do que é certo ser feito, ganhando certa autonomia em relação à troca mais ou menos imediata e limitada do altruísmo recíproco. A moralidade não garantiria a reciprocidade imediata, mas jogaria essa expectativa para o coletivo (CHEDIAK, 2003, p. 50).

É importante se pensar em moralidade em suas várias acepções. A biologia conduz o conceito para a busca da origem e, por vezes, pode inclinar o debate para um determinismo de base emocional e instintiva. Michel Ruse (1995) afirma que a moral é relativa à espécie humana e, por tal motivo, é preciso ter em mente questões de outra ordem para além da biológica, como a subjetividade. Sendo o debate excessivamente complexo, cabe, dentro do escopo dessa tese, a compreensão de que Dawkins se insere em uma tendência na qual também estão muitos outros evolucionistas, que é a perspectiva da moralidade como resultado de mecanismos evolutivos que estariam a serviço da reprodução do gene egoísta.

Dawkins não trabalha com a ideia evolucionista de instinto de religião ou de moralidade, mas sim com mecanismos de seleção genética que acabam por promover "regras" de reciprocidade e moralidade. Nossa observação, nesse sentido, é de que a adesão à religião é tomada como um comportamento vinculado aos mecanismos evolutivos, na linha do determinismo biológico. Ao passo que o ateísmo, por exemplo, é tido como um passo ligado a uma racionalidade humana livre ou isenta de condicionantes instintivos. Esse raciocínio limita, na vivência da moralidade e da religiosidade, a amplitude de questões como autoconsciência e pensamento abstrato.

Francisco Ayala (1987), embora reconheça as predisposições biológicas para a moralidade, considera que existem comportamentos considerados morais que se confrontam com essas predisposições, não estando vinculados a questões de base evolutiva (reprodução e sobrevivência). Para esse autor, muitos elementos ligados à moral seriam funções estritas do processo de evolução cultural e não biológica.

É importante considerar que Ayala não opõe evolução cultural e biológica, entretanto, há que se lembrar que a tese evolutiva sustenta que a história biológica humana ter-se-ia consolidado até mais ou menos 30 mil anos atrás e que, a partir desse momento, aproximadamente, inicia-se sua história cultural. A hipótese central da evolução é de que a hominização seria um processo em que as evoluções biológicas e culturais se complementam, não havendo rompimento entre as duas bases.

Nesse sentido, quando a evolução biológica passa a ser evocada para explicar a origem de comportamentos que durante séculos foram vistos como parte do domínio humano do livre-arbítrio, é sabido que "choques" ideológicos e filosóficos surgiriam. Retirar o homem de seu domínio é algo certamente custoso, e é uma tarefa que a biologia evolucionista tem realizado com propriedade. No entanto, o discurso biologicizante pode sempre conduzir a equívocos da ordem do determinismo e reducionismo. Nossa posição é que, relativamente à religião, Richard Dawkins e sua corrente evolucionista têm deixado de considerar elementos e estudos que apontam para os efeitos benéficos das filiações religiosas, enfatizando, com base no discurso de determinismo biológico, os aspectos "negativos" ou estritamente condicionantes dessas filiações, como se não houvesse nenhum nível de escolha ou racionalidade no processo de adesão religiosa.

3. Memética e a religião como vírus

Um dos pontos da teoria de Richard Dawkins, cuja aplicabilidade ao tema da religião é conhecida, é a formulação acerca dos memes. Apresentados por Dawkins em *O gene egoísta* (2001 [1976], p. 211) como "replicadores", os memes seriam unidades similares aos genes, no âmbito das transmissões culturais. Embora normalmente atribuída como característica exclusiva das relações entre os seres humanos, a transmissão cultural é apontada pelo autor como presente também em outros animais (p. 211). Seu argumento indica que, em comparação à evolução genética, a evolução cultural ou memética ocorre em uma velocidade superior, através de imitação e de processos mutantes provenientes das imitações, como seria o caso de variações do meme original por erros de imitação ou por combinações com repertório memético preexistente.

Informações ou instruções contidas nos memes podem ser ideologias, *slogans*, melodias, maneiras de se construir objetos, quaisquer comportamentos sociais. Como esse conceito é demasiado amplo, encontra muitas objeções dentro do âmbito científico, como veremos a seguir.

Comecemos compreendendo o processo de evolução ligado às variações meméticas, emprestando as considerações de Gustavo Leal Toledo, cuja tese sobre memética percorreu os estudos dos pesquisadores Richard Dawkins, Daniel Dennett e Susan Blackmore.

> A cultura muda. Um comportamento, um conceito, uma ideia de uma pessoa nunca é idêntica à de outra pessoa. A variação é a regra. No entanto, a cultura é passada de pessoa para pessoa, herdamos nossa cultura, incluindo suas variações. Dentre essas variações, eventualmente surgem novas ideias, novos comportamentos, que se adéquam melhor à nossa estrutura cognitiva, de que gostamos mais, achamos mais bonitos, mais interessantes, mais úteis, mais agradáveis, mais fáceis de entender e de lembrar. Essas variações serão mais facilmente passadas, enquanto variações ruins dificilmente se propagarão. Tais variações poderão sofrer novas variações e assim por diante, até que um dia elas estejam tão diferentes que será quase impossível saber de onde elas surgiram (TOLEDO, 2009, p. 15).

A perspectiva dos memes só faz sentido a partir da teoria sobre o darwinismo universal. "O darwinismo é uma teoria grande demais para ser confinada ao contexto limitado do gene" (DAWKINS, 2001, p. 213). Tal teoria pressupõe a ideia de que a evolução por seleção natural se dá por meio de um replicador, tenha ele a substância que tiver. Nesse sentido, o que se leva em conta na evolução é a propriedade de replicação, independentemente do "substrato biológico" do replicador (TOLEDO, 2013a, p. 188).

Aqui cabe um parêntese acerca do papel que o darwinismo ocupa no contexto do processo do conhecimento. Muito além de ser *uma* teoria explicativa sobre os seres, a evolução darwinista por vezes é apresentada como *a* teoria. Sua aplicabilidade é tão extensa, que se poderia dizer que tal teoria quase se configura como uma posição paradigmática de explicação válida sobre a vida.

A fala de Steven Pinker (2004, p. 132) ilustra tal "grandiosidade": "a seleção natural não é só a melhor teoria da evolução da vida na terra, mas quase com certeza é a melhor teoria da evolução da vida em qualquer lugar do universo". Richard Dawkins complementa: "A teoria darwiniana não detém apenas um poder excessivo de explicação. Sua economia ao fazê-lo tem uma elegância esbelta, uma beleza poética que ultrapassa mesmo os mitos mais obsessivos sobre as origens do mundo" (*O rio que saía do Éden*, 1996, p. 11).

Além da larga aplicabilidade, a teoria da evolução darwinista tem um pressuposto que também se apresenta como estruturante à concepção de darwinismo universal, a saber, a maior probabilidade de sobrevivência daquilo que permite variações e adaptações. Os seres, ou hospedeiros, variam em termos de reprodução dos replicadores (genes, memes ou outros). Essas variações aumentam as chances de adaptação e, em consequência, de sobrevivência. E é diante da falta de recursos que tais possibilidades adaptativas se exaltam.

> Desse modo, o cerne do darwinismo universal é a afirmação de que, quando os recursos são escassos, aqueles indivíduos de uma população variável que forem mais aptos tenderão a ter mais descendentes e, como suas aptidões são herdáveis, sua prole também será mais apta. Tal prole poderá ter novas mutações que a tornem ainda mais apta, criando, assim, um processo de acumulação de mutações que se convencionou chamar de evolução por seleção natural (TOLEDO, 2013a, p. 191).

Susan Blackmore, uma importante estudiosa da memética, traz a definição de memes como "instruções para realizar comportamentos, armazenadas no cérebro (ou em outros objetos) e passadas adiante por imitação" (BLACKMORE, 1998, p. 17). O poder de transmissão dessas instruções seria relativo aos "ambientes" nos quais os memes se hospedam. A título de exemplo, poderíamos pensar em uma instrução para tocar um determinado instrumento. O "sucesso" da realização dessa instrução dependerá das características da pessoa que a recebe, ou seja, destreza manual, memória, percepção de ritmo, persistência, dentre outras que determinarão se tal meme poderá ser reproduzido e como se dará tal reprodução. Possíveis "falhas" ou variações nas transmissões acabam por promover adaptações melhores que as originais quando encontram hospedeiros mais adaptáveis para a recepção da instrução.

No caso da transmissão cultural, os hospedeiros ou as mentes são determinantes para a "acomodação" e mutação do meme original. Entretanto, é comum se pensar erroneamente que o hospedeiro "melhora" a informação original, quando não é isso que a teoria dos memes propõe. Um meme concorre com outros memes para "vencer" no ambiente. E seu sucesso dependerá de seu grau de adaptabilidade ao meio. Um meme mais facilmente adaptável a muitos hospedeiros é o que acaba por continuar se propagando. Através das palavras de Richard Dawkins podemos compreender com mais clareza o processo de transmissão genética e de seu análogo cultural, a memética:

> É tentador pensar que, considerando que os ancestrais realizaram coisas bem-sucedidas, os genes que eles transmitiram para os seus filhos eram, consequentemente, aperfeiçoados em relação aos genes que receberam de seus pais. Alguma parte de seu sucesso ficou em seus genes, e esta é a razão por que seus descendentes são tão bons em voar, nadar e cortejar. Errado, completamente errado! Os genes não melhoram com o uso, eles são apenas transmitidos, imutáveis, exceto por erros aleatórios muito raros. Não é o sucesso que faz bons genes. São bons genes que fazem o sucesso, e nada que um indivíduo faça durante o seu tempo de vida tem qualquer tipo de efeito sobre eles. Aqueles indivíduos que nascem com bons

genes são os que têm maior probabilidade de crescer e tornar-se ancestrais bem-sucedidos; portanto os genes bons têm mais probabilidade de ser transmitidos para o futuro do que os genes ruins (DAWKINS, 1996, p. 16).

Podemos citar alguns exemplos de memes dentro do contexto religioso. Ainda em *O rio que saía do Éden* (1996), Dawkins trabalha a noção de memética da "carta de São Judas", avaliando que tal carta, ao ser transmitida de pessoa para pessoa (ou hospedeiro para hospedeiro), acumula "mutações" na mensagem original, que geram uma população heterogênea de mensagens em circulação, que diferem basicamente na redação e nas artimanhas de convencimento para que o hospedeiro transmita a carta e faça parte da corrente. "As variantes mais bem-sucedidas tenderão a crescer à custa das rivais menos bem-sucedidas. O sucesso é simplesmente sinônimo de frequência de circulação" (DAWKINS, 1996, p. 128). No caso da corrente da carta de São Judas, são acrescidas informações do tipo: "por favor, não custa tentar", ou "é melhor se prevenir", a fim de fortalecer a circulação. A sobrevivência do meme "carta de São Judas" depende de sua transmissão.

Nesse mesmo livro, Dawkins observa que as correntes de cartas podem ser comparadas a replicantes químicos, cujo sucesso de transmissão é obtido por meio de uma competência prática, de ter tecnicamente o que se faz necessário para sua duplicação.

David Stamos (2011, p. 278-285) faz referências aos memes "Deus", "ameaça do fogo do inferno" e "fé religiosa", citando Dawkins (2001), quando este afirma que o poder de contágio do meme "Deus" decorre das respostas que ele oferece para o sentido da vida, para a dor e as injustiças. Stamos assume que "Deus" seria um complexo de memes, mas questiona a ideia de que o contágio memético desse complexo prejudicaria os hospedeiros no sentido virótico, como colocam Dawkins (2001, 2007) e Hitchens (2007). Sua defesa é de que na perspectiva evolutiva (de sobrevivência e reprodução) é preciso haver algum bem produzido pela religião.

Dawkins (2001, p. 198) discorre sobre o reforço que os memes "Deus" e "ameaça do fogo do inferno" oferecem um à sobrevivência do outro, em termos psicológicos. Para Stamos (2011, p. 279), o "ameaça do fogo do inferno" é "aparentemente uma mutação, causada pela mistura de ideias gregas e judaicas antigas sobre o mundo depois da morte" e que depois "tornou-se parte do complexo de memes cristãos e difundiu-se por todo o Império Romano". Isso porque no Antigo Testamento não se fazia referência a esse meme, tendo sido alastrado a partir de mutações.

A "fé religiosa" é o meme mais combatido por Dawkins – ainda mais que "Deus" –, já que esse autor reforça fé como sendo uma espécie de vírus (2001, 2007). "Fé é uma lavagem cerebral tão bem-sucedida em seu próprio benefício, que é difícil romper seu controle. (...) Para mim, parece se qualificar como um tipo de doença mental" (DAWKINS, 2001, p. 330). As associações que fortalecem e garantem a sobrevivência do meme "fé religiosa" ou simplesmente "fé" seriam, conforme observa Stamos (2011, p. 279), a ideia ou o meme de que "a falta de evidência é uma virtude", ou "o mistério, *per se*, é uma coisa boa", indicando que a fé se nutre do mistério, uma vez que explicações racionais enfraqueceriam esse meme.

Conforme ressalta Daniel Dennett em *A perigosa ideia de Darwin* (1998, p. 206), "o estoque de mentes é limitado, e cada mente tem uma capacidade limitada de memes, portanto, há uma forte competição entre os memes para entrar no maior número de mentes possíveis. Essa competição é a principal força seletiva na memosfera". Por conta disso, alguns memes evoluíram de modo a criar ambientes que dificultam ou impedem a entrada de memes concorrentes. No caso da fé, o raciocínio crítico é desestimulado através de outros memes como pecado etc.

Dennett (1998) também destacou um aspecto da teoria memética que merece nossa especial atenção e que é nomeado de "perspectiva dos memes". Dentro dessa compreensão, os memes não seriam produtos de nossas vontades e criações, mas teriam um

49

funcionamento independente, usando-nos como hospedeiros. A intencionalidade humana ao propagar determinada informação é colocada como estando a serviço da instrução fornecida pelo meme. Ou seja, há nesse aspecto da teoria um ponto de atrito em relação às noções básicas e comuns de livre-arbítrio. Richard Dawkins chega a ser bastante contundente ao afirmar que os memes seriam análogos a vírus:

> Os vírus são instruções de programa codificadas, escritas sob a linguagem de DNA, e existem em benefício das próprias instruções. As instruções dizem: "copie-me e espalhe-me por toda a parte" e as que forem obedecidas são as que encontramos (DAWKINS, 1998, p. 293).

Entretanto, ele mesmo reforça que é possível lutarmos contra o condicionamento memético:

> Somos construídos como máquinas de genes e providos de cultura como máquinas de memes, mas temos o poder de nos voltar contra nossos criadores. Nós, e apenas nós na terra, podemos nos rebelar contra a tirania dos replicadores egoístas (DAWKINS, 2001a, p. 201).

Nesse sentido, cabe um parêntese. Richard Dawkins, acompanhado de seus principais seguidores na área da memética (especialmente DENNETT, 1991, 1998; BLACKMORE, 1998; LYNCH, 1998), parece enaltecer em alguns momentos – como se vê na passagem citada sobre a comparação entre memes e vírus – o caráter condicionante dos memes. Entretanto, ele mesmo fornece um antídoto – pelo menos no que se refere aos memes religiosos: o raciocínio crítico.

É curioso pensar como o raciocínio do tipo biológico: "é assim por conta do meme que busca sobreviver através da propagação e por isso precisa de nós, humanos, hospedeiros", passa, quando se trata do universo religioso, a agregar um tipo de elaboração vinculada a matrizes de pensamento das ciências sociais e humanas, que, por vezes, debatem e combatem os condicionamentos biológicos e sociais aos quais estamos sujeitos. Não estamos, com isso, propondo que as matrizes de pensamentos das áreas específicas sejam "puras" ou que não possuam imbricações. Entretanto, é importante observar que Dawkins parece apresentar certo grau de seletividade em suas escolhas de raciocínio, quando aplicadas à religião. Nossa hipótese se justifica a partir de argumentos do autor acerca da religião como um mal incontestável para a humanidade (DAWKINS, 2001b, 2007), deixando de levar em conta pesquisas de outras áreas, como a saúde, por exemplo, nas quais se observam fatores positivos vinculados às práticas religiosas.[8]

Por que, afinal, os memes religiosos infectariam a mente trazendo ao ser humano uma doença virótica, mas memes científicos – que aparentemente seriam menos facilmente transmissíveis (DAWKINS, 2007) – trariam libertação e cura? Não há nada na teoria de Richard Dawkins que esclareça pontualmente esse questionamento.

Voltando à memética, Aaron Lynch (1998) cita o modo de transmissão parental de memes do judaísmo, identificando, no modo de propagação dessa religião, elementos que reforçam sentimentos de segurança, vindos da relação de "Deus pai". Também reforça que pelo menos os três primeiros dos dez mandamentos agem de modo a transmitir os memes do judaísmo, com reforço à figura parental, tentando, assim, eliminar memes concorrentes (p. 102). No

---

[8] Nesse sentido podemos considerar as pesquisas sobre *coping* (enfrentamento), que mostram que as religiões ou elementos religiosos oferecem resultados positivos em um quadro geral de enfrentamento de estresse, mesmo diante de uma escala que compara *coping* positivo e negativo, sendo o primeiro característico de situações em que a pessoa se utiliza de significados religiosos como elementos de apoio emocional, perdão, benevolência, colaboração, e o segundo representante de uma avaliação dos conteúdos religiosos como punitivos, malévolos, ou indicativos de descontentamento ou delegação. Ver: PARGAMENT, 2000; KOENIG; LARSON, 2001.

islamismo, ele cita o modo de propagação memético, por meio de antagonismo (matar para ter recompensa). Seu argumento, expandindo os de Dawkins, Dennett e Blackmore, é que o determinante na propagação dos memes é o modo como as ideias são programadas para serem difundidas.

Lynch também cita memes do cristianismo ("boa-nova, "amar o próximo", "heresia"...), indicando que os memes de uma mesma religião trabalham de modo a se reforçar mutuamente e impedir concorrentes. A mente humana seria um "complexo de memes" (expressão de DENNETT, 1991) que concorrem entre si.

De modo geral, as críticas mais contundentes à memética são, primeiramente, a dificuldade em se estabelecer um critério firme de unidade do meme. Afinal, seria o meme uma frase, uma palavra, uma música inteira, uma melodia, uma ideia? Como trabalhar com um conceito tão fragilmente delimitado em termos científicos? A esse respeito, Gustavo Toledo, um dos maiores estudiosos brasileiros da memética, opina:

> (...) só é necessário que os memes tenham "unidade" de modo que possamos classificar um grupo de memes como sendo "do mesmo meme", ou seja, como tendo um conjunto relevante de características semelhantes para classificá-los em um grupo. Cabe lembrar também que não só a biologia evolutiva teve que ficar quase 100 anos sem saber qual era exatamente a instanciação física de um gene; com o surgimento da genética molecular, a própria noção de gene está se esvanecendo (TOLEDO, 2013, p. 181).

Apesar dessa consideração de Gustavo Toledo, não deixa de ser evidente a característica da memética como uma teoria em construção, longe de ser ciência consolidada e aceita.

Além disso, há a crítica de que ela se trata de uma teoria de gabinete, o que, dentro do debate das ciências *duras,* é considerado uma "falha" digna de nota. Ao contrário do estudo dos genes, que pode ser mensurado por meio de experimentos de laboratório e testes com outros animais, a memética apresenta-se como uma teoria de observação de comportamento e, nesse sentido, aproxima-se da linguagem das ciências humanas e sociais.

Gustavo Toledo afirma, em relação a Suzan Blackmore, uma das principais divulgadoras da memética: "o problema de Blackmore é que ela constrói *just so stories*, narrativas históricas interessantes e inteligentes, mas sem nenhum fundamento empírico mais preciso" (TOLEDO, 2013, p. 187).

4. Considerações finais

Essa comunicação teve como objetivo oferecer um panorama de três principais pontos que ancoram os debates científicos do ateísmo contemporâneo de bases neodarwinistas, professado por Richard Dawkins.

1) Predisposições cognitivas da religião, discussão que fornece base aos argumentos de Dawkins, descritos brevemente em *Deus, um delírio* (2007), sobre a religião como sendo um subproduto da evolução de predisposições psicológicas que originalmente não teriam relação com a religião, mas que acabam sendo aproveitadas para outras funções que evoluiriam social e culturalmente.

2) Debate sobre instinto de fé e seleção de grupo. Dawkins, ao contrário de alguns autores, trabalha com a perspectiva de seleção de gene, rejeitando a seleção de grupo. Alguns como Richard Sosis (2003), Edward O. Wilson (2012), Matt Ridley (2000), Joseph Bulbulia (2004, 2007, 2011), David Stamos (2011), exaltam elementos que caracterizariam o sistema religioso como uma expressão da seleção de grupo, através de mecanismos como cooperação, altruísmo, solidariedade, coesão.

3) A teoria da memética, originalmente apresentada por Dawkins em *O gene egoísta* (2001 [1976]), que coloca a religião como um vírus que se replica de modo fácil na mente humana (DAWKINS, 1996, 2007). A teoria dos memes conta com fortes divulgadores

como Susan Blackmore (1999; 2000), Daniel Dennett (1990; 1998) e Aaron Lynch (1998), além de outros pesquisadores como o brasileiro Gustavo Leal Toledo (2009), mas também possui críticas contundentes.

Esses pontos trazem os principais referenciais do ateísmo contemporâneo de bases neodarwinistas, também chamado de neoateísmo, e oferecem um quadro teórico para que compreendamos as discussões inseridas nesta obra.

Referências bibliográficas

ATRAN, Scott. *In Gods We Trust. The Evolutionary Landscape of Religion*. New York: Oxford University Press, 2002.

_____; HENRICH, Joseph. The Evolution of Religion: How Cognitive By-Products, Adaptive Learning Heuristics, Ritual Displays, and Group Competition Generate Deep Commitments to Prosocial Religions. *Biological Theory*, 5 (1) 2010, p. 18-30, 2010.

AYALA, F. The biological roots of morality. *Biology and Philosophy*, Netherlands, v. 2, n. 2, p. 235-252, 1987.

BARRETT, J. The relative unnaturalness of atheism: On why Geertz and Markusson are both right and wrong. *Religion*, 40 (3), p. 169-172, 2010.

BLACKMORE, S. *The Meme Machine*. Oxford: Oxford University Press, 1999.

_____. The meme's eye view. In: AUNGER, R. *Darwinizing Culture. The Status of Memetics as a Science*. Oxford: Oxford University Press, 2000, p. 25-43.

BLOOM, Paul; GERMAN, Tim P. Two reason to abandon the false belief task as a test of theory of mind. *Cognition 77*: B25-B31, 2000.

BOCK, W. The synthetic explanation of macroevolutionary change – a reductionisc approach. *Bull. Carnegie Mus. Nat. Hist.*, v. 13, p. 20-69, 1979.

BOWLBY, John. *Apego: apego e perda*. São Paulo: Martins Fontes, 1984, v. 1.

BOYER, Pascal. Cognitive templates for religious concepts: cross-cultural evidence for recall of counter-intuitive representations. *Cognitive Science*, 25 (4), p. 535-564, 2001.
_____. *Religion explained*. London: Basic Books, 2002.
_____. *The naturalness of religious ideas: a cognitive theory of religion*. California: University of California Press, 2006.
_____. *The fracture of an illusion. Science and the dissolution of religion*. Frankfurt: Templeton Lectures, 2008.
BROOM, Donald E. *The evolution of morality and religion*. Cambridge: Cambridge University Press, 1991.
BULBULIA, Joseph. The Cognitive and Evolutionary Psychology of Religion. *Biology and Philosophy*, v. 19, n. 5, 2004.
_____. The evolution of religion. In: DUNBAR; BARRETT (eds.). *Oxford Handbook of Evolutionary Psychology*. Oxford: Oxford University Press, 2007 (p. 621-635).
_____; SOSIS, Richard. Signalling theory and the evolution of religious cooperation. *Religion*, 41:3, p. 363-38, 2011.
CHEDIAK, Karla. Notas sobre a concepção evolucionista da moral. *Episteme*, Porto Alegre, n. 16, p. 45-59, jan./jun. 2003.
DAWKINS, Richard. Universal Darwinism. In: BENDALL, D. S. (org.). *Evolution from Molecules to Men*. Cambridge: Cambridge Universal Press, 1983, p. 403-425.
_____. *O rio que saía do Éden*. São Paulo: Rocco, 1996.
_____. *A escalada do monte improvável: uma defesa da teoria da Evolução*. São Paulo: Companhia das Letras, 1998.
_____. *O gene egoísta*. Belo Horizonte: Itatiaia, 2001a.
_____. *O relojoeiro cego: a teoria da evolução contra o desígnio divino*. São Paulo: Companhia das Letras, 2001b.
_____. *Deus, um delírio*. São Paulo: Companhia das Letras, 2007.
DENNETT, Daniel. Memes and the Exploitation of Imagination. *Journal of Aesthetics and Art Criticism*. 48, 1990, p. 127-135.
_____. *Consciousness explained*. London: Penguin Books, 1991.
_____. *A perigosa ideia de Darwin*. Rio de Janeiro: Rocco, 1998.
_____. *Quebrando o encanto: a religião como fenômeno natural*. Rio de Janeiro: Globo, 2006.

FEUERBACH, Ludwig. Preleções sobre a essência da religião. São Paulo: Papirus, 1989.

FREUD, Sigmund. O futuro de uma ilusão. Porto Alegre: L&PM, 2010.

FRANCO, Clarissa de. *O ateísmo de Richard Dawkins nas fronteiras da ciência evolucionista e do senso comum*. (Tese de Doutorado em Ciências da Religião). São Paulo: PUC-SP, 2014.

_____; PETRONIO, Rodrigo (org.). *Crença e evidência: aproximações e controvérsias entre religião e teoria evolucionária da religião*. São Paulo: Unisinos, 2014a.

GEERTZ, Clifford. *A interpretação das culturas*. Rio de Janeiro: Zahar, 1978.

GOULD, S. J.; VRBA, E. Exaptation – A Missing Term in the Science of Form. *Paleobiology*, v. 8, n. 1, p. 4-15, 1982.

GOUVÊA, Ricardo Quadros. A religião sob a perspectiva do funcionamento do cérebro e da evolução da mente: uma introdução crítica à interface entre neurociências e religião e às ciências cognitivas da religião. In: FRANCO, Clarissa de; PETRONIO, Rodrigo (org.). *Crença e evidência: aproximações e controvérsias entre religião e teoria evolucionária da religião*. São Paulo: Unisinos, 2014.

GUTHRIE, S. *Faces in the Clouds: A New Theory of Religion*. New York: Oxford University Press, 1993.

HITCHENS, Christopher. *Deus não é grande*. Rio de Janeiro: Ediouro, 2007.

KELEMAN, Deborah. Why are rocks pointy? Children's preference for teleological explanations of the natural world. *Developmental psychology*, 35 (6), p. 1440-1452, 1999.

_____. British and American children's preferences for teleo-functional explanations of the natural world Cognition, 88 (2), p. 201-221, 2003.

_____. Are Children "Intuitive Theists"? *Reasoning About Purpose and Design in Nature Psychological Science*, 15 (5), p. 295-301, 2004.

KIRKPATRICK, Lee A. *Attachment, Evolution and the Psychology of Religion*. New York: Guilford Press, 2005.

LYNCH, Aaron. Units, Events and Dynamics in Memetic Evolution. *Journal of Memetics – Evolutionary Models of Information Transmission*, 1998. Disponível em: <http://cfpm.org/jom-emit/1998/vol2/lynch_a.html>. Acesso em: ago. 2012.

MITHEN, Steven. *Pré-história da mente: uma busca das origens da arte, da religião e da ciência*. São Paulo: UNESP, 2003.

NORENZAYAN, A.; GERVAIS, W. M. The origins of religious disbelief. *Trends in Cognitive Sciences*, v. 17, n. 1, January 2013. Disponível em: <http://dx.doi.org/10.1016/j.tics.2012.11.00>.

PINKER, S. *Tábula rasa: a negação contemporânea da natureza humana*. São Paulo: Companhia das Letras, 2004.

PYYSIÄINEN, Ilkka. *How Religion Works: Towards a New Cognitive Science of Religion*. Boston: Brill Academic Pub, 2003.

_____. *Supernatural Agents: Why We Believe in Souls, Gods, and Buddhas*. New York: Oxford University Press, 2009.

_____; HAUSER, M. The origins of religion: evolved adaptation or by-product? *Trends Cogn Sci.*, Mar; 14(3):104-9, 2010.

_____. Dawkins, Dennett, and the attempts at universalizing Darwinism. *Revista Brasileira de História da Ciência*, Rio de Janeiro, v. 2, n. 2, p. 253-258, jul./dez. 2009.

_____. Uma crítica à memética de Susan Blackmore. *Rev. Filos., Aurora*, Curitiba, v. 25, n. 36, p. 179-195, jan./jun. 2013.

_____. Em busca de uma fundamentação para a memética. *Trans/Form/Ação*, Marília, v. 36, n. 1, p. 187-210, jan./abr. 2013a.

RIDLEY, Matt. *As origens da virtude. Um estudo biológico da solidariedade*. Rio de Janeiro: Record, 2000.

RUSE, Michael. *Levando Darwin a sério*. Belo Horizonte: Itatiaia, 1995.

_____. *Sociobiologia: senso ou contrasenso?* São Paulo: Itatiaia, 1983.

SEPÚLVEDA, Claudia; EL-HANI, C. N. Controvérsias sobre o conceito de adaptação e suas implicações para o ensino de evolução. In: VI ENCONTRO NACIONAL DE PESQUISA EM EDUCAÇÃO EM CIÊNCIAS (ENPEC), 2007, Florianópolis-SC. Anais do VI Encontro Nacional de Pesquisa em Educação em Ciências (ENPEC). Belo Horizonte-MG: ABRAPEC, 2007, v. 1. p. a742.

SOSIS, Richard. Why aren't we all Hutterrites? Costly signaling theory and religious behavior. *Human Nature*, n. 14, 2003.

STAMOS, David. *A evolução e os grandes temas. Sexo, raça, religião e outras questões*. São Paulo: Loyola, 2011.

TOLEDO, Gustavo Leal. *Controvérsias meméticas: a ciência dos memes e o darwinismo universal em Dawkins, Dennett e Blackmore*. (Tese de doutorado em Filosofia). Rio de Janeiro: PUC-Rio, 2009, 468p. Disponível em: <http://pt.scribd.com/doc/90239799/Memetica>. Acesso: ago. 2012.

WADE, Nicholas. *The Faith Instinct. How Religions Evolved and Why It Endures*. USA: Penguin Press, 2010.

WILLIAMS, G. C. *Adaptation and Natural Selection: a critique of some current evolutionary thought*. Princeton: Princeton University Press, 1996.

WILSON, Edward O. *On Human Nature*. Cambridge: Harvard University Press, 1978.

_____. *The Social Conquest of Earth*. Liveright, 2012.

WRIGHT, Robert. *O animal moral: por que somos como somos. A nova ciência da Psicologia Evolucionista*. Rio de Janeiro: Campus. 1996.

CAPÍTULO II

ALISTER McGRATH *VERSUS* RICHARD DAWKINS
UM DEBATE ENTRE DOIS CIENTISTAS DA ÁREA BIOLÓGICA

Silvia Geruza Fernandes Rodrigues

Introdução

Ciência e fé – Um dia se encontrarão?

Embora se tenha difundido que o ateísmo se constitui em um desdobramento da modernidade, a dúvida ou não crença na existência de divindades, ou de um Deus sobrenatural, data do século V a.C., tomando força em meados do século XVIII da era cristã. Platão (384 a.C.) e Aristóteles (384 a.C.) negavam a existência de deuses, postulando que o racionalismo seria a única maneira de viver. Epicuro (341 a.C.) afirmava que não existia vida pós-morte e que o ser humano não era filho de Deus. Contudo, a partir do matemático René Descartes e seu racionalismo, o ateísmo ganhou novo impulso. A idade moderna introduziu um novo ideal de conhecimento, de cálculos, de métodos científicos de exatidão das ciências naturais, e sua força se constatou desde os meados do século XVII, acirrando o confronto entre a ciência e a fé.

Em 1619 Descartes iniciou sua reflexão sobre o pensamento-chave para desvendar o mundo: "Penso, logo existo". Para Descartes, o método importava, livre de inconsistências. O homem, não Deus, passou a ser o centro do universo. O espírito do método matemático deveria permear todas as outras ciências. Somente o que se soubesse claramente como verdade, deveria ter validade. Qualquer teoria precisaria ter em vista o bem de todos os indivíduos e, através da razão, qualquer prática teria de tornar o ser humano mais sábio e mais competente. As teorias do passado que pudessem ser duvidadas, deveriam ser erradicadas e colocadas sob o prisma da razão. O que não pudesse ser provado e experimentado matematicamente, tinha de ser descartado.

A dúvida e a exatidão marcaram essa era. Depois, passando por Hume (séc. XVIII), pelo positivismo comtiano, marxismo, niilismo nietzschiano (séc. XIX), a religião tradicional católica abalou-se ainda mais fortemente com as teorias de Charles Darwin (1809), a partir da publicação do seu livro *A origem das espécies*, em 1859 e *A descendência do homem*, em 1871. Para Darwin, as espécies e a humanidade resultam de um processo longo e complexo de evolução biológica. A teoria da criação do mundo por uma divindade, um ser superior perfeito, foi colocada em xeque.

Nos séculos XX e XXI, no auge da modernidade, após o Iluminismo, novos filósofos e sociólogos levantaram-se com o objetivo de "matar Deus". Stephen Hawking, John Lennox, como alguns expoentes desse ateísmo, passaram a ser nomes citados quando se referia à nova elaboração do materialismo, cientificismo e objetividade racional na explicação do ser humano e do mundo.

Contudo, foi com Richard Dawkins (1941), biólogo, professor em Oxford, que ocorreu a expansão do conceito darwinista, intitulado de neodarwinismo. No seu livro *O relojoeiro cego* (1986), Dawkins levanta dúvidas sobre o surgimento da intencionalidade no mundo. Seguido de quatro outros denominados neoateus: Dennett, Sam Harris e George Hitchens, os *brights* (brilhantes) impetraram uma marcha impoluta contra a ideia da existência de um ser criador do universo. Para eles, toda explicação causal deve se resumir à dinâmica seletivo-adaptativa.

Nesse embate contra a religião, ou qualquer crença no sobrenatural, Alister McGrath (1953), ex-ateu, biólogo em Oxford, admirador de Dawkins, tomou um caminho oposto, argumentando que o ataque do colega chega a ser "religioso", não somente na recusa da existência de uma divindade, como também no julgamento negativo de qualquer pessoa que confessasse alguma crença no sobrenatural.

Este capítulo objetiva pontuar as diferenças e os questionamentos levantados durante o debate entre Alister McGrath e Richard Dawkins.

Ateísmo e novo ateísmo: existe uma diferença?

Denomina-se ateísmo o movimento de pessoas que não creem em nenhuma religião nem no sobrenatural. O ateísmo não é contra nada nem ninguém. Não se deve simplificar o fato de que assim como existem diversas religiões, há vários tipos de ateísmo. Walters (2015) aponta vários subgrupos do ateísmo. Dentre os quais, o ateísmo positivo, ativa descrença em Deus, e o ateísmo negativo, a ausência da crença em Deus. E dentre esses se encontram os neoateus, que se caracterizam pela militância. Os ateístas militantes, ou neoateus, não somente não acreditam que Deus existe, como também que a crença nele é perniciosa. O neoateísmo (de agora em diante chamado de novo ateísmo) considera a religião venenosa e afirma que atos maus são motivados pela mesma. Esse novo ateísmo é um ateísmo evangélico, isto é, um movimento político, social, que postula que a religião não deve ser tolerada e sim confrontada e criticada.

> Os ateístas militantes, tais como o físico Steven Weinberg, que afirma: "Sou completamente a favor de um diálogo entre a ciência e a religião, mas não um diálogo construtivo", e declara que gostaria de tornar impossível a todas as pessoas inteligentes ser religiosas (WEINBERG, 2003, apud WALTERS, 2015, p. 24).

O fundamentalismo religioso, por sua vez, rejeita a Ciência, enquanto o fundamentalismo neoateu se destaca por atacar qualquer forma de religiosidade ou crença no sobrenatural, como vimos antes.

O ateísmo clássico, segundo Werleman (2015), mostra-se indiferente se Deus e a religião são bons ou não, apenas constata que, quando alguém sai do prisma da fé e passa a ser ateu, ele abraçou uma atitude antideísta. Já os neoateus compreendem qualquer fé como um atraso, e qualquer religioso como potencialmente violento e uma ameaça à sociedade, por isso devem lutar para acabar com qualquer crença religiosa.

Para sua melhor militância e a fim de conseguir trazer à tona uma imagem menos negativa de ser ateu, os neoateus procuraram um nome que melhor se adequasse ao que sugerem e começaram a se autodenominar *brights*. De acordo com Daniel Dennett, em um artigo no *New York Times*, um *bright* é um naturalista que se opõe a uma visão do mundo sobrenatural.

> Nós, *brights*, não cremos em fantasmas, nem duendes, nem coelhinho da Páscoa – nem em Deus. Discordamos sobre muitas coisas, e temos uma variedade de opiniões sobre moralidade, política e o sentido da vida, mas compartilhamos da descrença em magia negra – e vida após a morte (*NY Times*, 2003).

Conforme Petronio (2014), "a proposta dos *brights* concentra-se na tentativa de erradicar as superstições que envolvem a religião e pensar a vida e a sociedade a partir de elementos estritamente racionais" (p. 167). Como Dennett (2003) afirma em seu artigo, eles se consideram o suporte moral da nação "porque levam a sério suas obrigações civis precisamente porque não confiam em Deus para salvar a humanidade de suas bobagens".

O novo ateísmo, questiona Petronio, "no elã de criticar a crença no sobrenatural, quando propõe uma fé na ciência, não estaria assentando seu projeto sobre bases criptorreligiosas ou sobre bases religiosas explícitas e até mesmo fundamentalistas?" (2014, p. 169). Em outras palavras, o novo ateísmo tornou-se uma militância religiosa.[1] Richard Dawkins se autointitula um "descrente profundamente religioso" (apud PETRONIO, 2014, p. 167). Como fundamentalistas religiosos, os neoateus espelham a visão mágica do mundo no seu inverso, permanecem trancados em um pensamento de estrita rejeição à transcendência. Nas palavras de Werleman: "Se pudermos manipular e educar o maior número de crentes à nossa maneira de pensar – 'a verdade' –, o mundo será perfeito e nossos problemas desaparecerão" (2015, p. 168).

Diferentemente do ateísmo, o novo ateísmo enceta uma cruzada contra a existência de qualquer religião, considerando-a um mal para a humanidade. Denominados por promotores da religião como os "quatro cavaleiros do Apocalipse", Sam Harris, Daniel Dennett, Richard Dawkins e George Hitchens não se importam, por outro lado, em ser idolatrados como gurus, profetas e novo clero do novo ateísmo. O culto à personalidade se evidencia no anseio de seus seguidores um dia encontrá-los. Conforme Werleman:

> Em um artigo intitulado "O bizarro – e – caro – culto de Richard Dawkins", Andrew Brown chama o novo ateísmo de uma igreja sem o lado bom. Brown fala sobre o programa de membresia oferecido no site de Richard Dawkins. "Por US$ 85,00 por mês a pessoa se qualifica para descontos na mercadoria de Dawkins e a oportunidade de encontrar várias personalidades da Fundação Razão e Ciência de Richard Dawkins. Contudo, para encontrá-lo tem que se pagar US$ 210,00 mensais – ou US$ 5.000,00 por ano

---

[1] Por militância religiosa me refiro a qualquer movimento que luta com fervor para passar adiante um conjunto de ideias, invalidando outra que se lhe oponha.

para assistir a um evento onde ele falará. Seu site também sugere que doações de US$ 500.000 serão aceitas pelo privilégio de jantar com ele uma vez por ano. Neste nível de contribuição a pessoa se torna um membro de algo chamado "O círculo da realidade mágica" (2015, p. 575).[2]

Abordaremos o debate científico entre Alister McGrath e Richard Dawkins para transitarmos nos vários tópicos que se tornaram máximas do novo ateísmo.

Richard Dawkins e sua visão da religião

Richard Dawkins primeiro iniciou sua fama ao escrever o livro *O gene egoísta* em 1976, mas seu livro *Deus, um delírio* (2006), com 500 páginas, refutando a religião e, principalmente, o Deus Javé do Antigo Testamento, tornou-o conhecido, criticado e levanta até hoje muita polêmica.

Em suas próprias palavras: "Não farei ofensas gratuitas, mas tampouco usarei luvas de pelica para tratar da religião com mais delicadeza do que trataria qualquer outra coisa".[3] Dawkins não doura a pílula do teor do seu livro. Ele, mordazmente, explica no decorrer do seu raciocínio porque não se deve crer em Deus, ou em qualquer outro ser sobrenatural. Para o biólogo, as ciências naturais e, principalmente, seu campo de estudo, a biologia evolucionista, devem bastar ao ser humano.

Dawkins dá um passo além, Deus não somente constitui um delírio, como também é pernicioso. Ele descreve o Deus do Antigo Testamento como "Talvez o personagem mais desagradável da ficção: ciumento, e com orgulho; controlador, mesquinho, injusto e intransigente; genocida, racista, infanticida, filicida, pestilento, megalomaníaco, sadomasoquista, malévolo". E Cristo não merece

---

[2] C. J. Werleman. *The new atheist threat*, p. 575 (trad. livre).
[3] Richard Dawkins. *Deus, um delírio*, p. 54.

menos escárnio por causa de seu "insípido rosto cristão gentil, manso e suave". Em suas próprias palavras:

> Para ser justo, essa persona efeminada deve-se mais a seus seguidores vitorianos que ao próprio Jesus. Será que alguma coisa pode ser mais açucarada e enjoativa que o "todas as crianças cristãs devem ser calmas, obedientes, boas como ele?" (2007, p. 56).

Dawkins deixa bem claro que não se dirige a uma versão específica de Deus, e sim a todos os deuses, a qualquer forma de crença no sobrenatural.

Dawkins critica a crença na Trindade, argumentando que até o cristianismo, que se autodenomina monoteísta, é politeísta, pois, em seu raciocínio lógico, como podem três pessoas se resumirem a uma só. Quando os teólogos, na sua opinião, afirmam serem uma só substância ou terem a mesma essência, ele replica que, apesar de isso não significar muita coisa, dividiu a "cristandade por meio século" (p. 59). Ao conceito da Trindade, o catolicismo acrescentou Maria e uma lista de 5.120 santos, fora as muitas *Marias* criadas.

De acordo com Dawkins, a religião deve ser anulada e destruída, por alguns motivos.

Primeiro, porque desperdiça tempo e energia. É inútil. Ora, se a lei seletiva da natureza de Darwin visa eliminar o desperdício e a natureza, ela não se pode dar ao luxo da frivolidade. Dawkins compara a cauda de um pavão – que, para os naturalistas, é um desperdício – à religião. Se a "seleção natural pune o desperdício de tempo e de energia" (...) "um darwinista pode ficar tentado a dizer a mesma coisa sobre a religião" (p. 217).

Cito Dawkins:

> Para um evolucionista, os rituais religiosos "destacam-se como pavões numa clareira ensolarada" (palavras de Dan Dennett). O comportamento religioso é uma excrescência que é o equivalente humano da fornicação ou da construção de caramanchões. Demanda tempo, demanda energia e frequentemente tem ornamen-

tos tão extravagantes quanto a plumagem da ave-do-paraíso. A religião pode colocar em risco a vida do indivíduo douto, assim como a de outras pessoas (2007, p. 217).

Segundo, a religião mata por suas ideias e desperdiça benefícios, e, apesar de poder ser um conforto, é um placebo. Como disse o físico americano e prêmio Nobel Steven Weinberg, "a religião é um insulto à dignidade humana. Com ou sem ela, teríamos gente boa fazendo coisas boas e gente ruim fazendo coisas ruins. Mas, para que gente boa faça coisas ruins, é preciso a religião". Blaise Pascal (o da aposta) disse algo parecido: "Os homens nunca fazem o mal tão plenamente e com tanto entusiasmo como quando o fazem por convicção religiosa" (Dawkins, 2007, p. 322).

Terceiro, a religião é um vírus que infesta as mentes humanas. Seguindo o raciocínio darwinista, Dawkins elabora que a seleção natural "constrói o cérebro das crianças com a tendência de acreditar em tudo que seus pais ou líderes tribais lhe disserem" (p. 233), por isso que Dawkins também acredita que a religião comete abuso infantil.

Para Dawkins, a religião é um subproduto acidental – "um efeito colateral de uma coisa útil" (p. 248).

Quarto argumento, para Dawkins a religião fundamentalista "debocha ativamente do empreendimento científico" (p. 364). Com isso, a religião minaria o intelecto.

Referindo-se ao islamismo, Dawkins acredita que a religião ensina as crianças a terem fé sem questionar. Embora o cristianismo não ensine o armamento ou uma fé inquestionável, ele arma a base para que existam ensinamentos que gerem obediências a mandamentos terroristas, sem discussão. "A fé pode ser perigosíssima, e implantá-la deliberadamente na cabeça de uma criança inocente é gravemente errado" (p. 395).

Richard Dawkins e Alister McGrath: o debate

Dentre essas controversas ideias, surge Alister McGrath, ex-ateu, biólogo, cristão, também professor em Oxford, que escreve alguns livros para se contrapor às ideias de Dawkins, que em seu livro *Deus, um delírio*, o critica por seus argumentos.

Alister McGrath, biólogo, professor de História da Teologia na Universidade de Oxford, e sua esposa Joanna McGrath, professora de Psicologia da Religião na Universidade de Londres, decidiram refutar as argumentações de Dawkins sobre a religião, Deus e a fé, no seu livro O *delírio de Dawkins* (2007).

Da mesma maneira que Dawkins reage às críticas de McGrath no início do seu livro, *Deus, um delírio*, afirmando que ao ler suas contra-argumentações recordava-se da história do bule de *Alice no País das Maravilhas* e anotava nas margens "bule", "bule" "bule", isto é, história de ficção infantil, McGrath e Joana McGrath também se reportam aos argumentos de Dawkins como uma distorção às ciências naturais e o considera um fundamentalista ateu. Para McGrath, Dawkins pode ser comparado em relação à religião como "o pano vermelho para o touro", excluindo a imparcialidade e os "padrões básicos de precisão" (p. 17).

Segundo McGrath, Dawkins retratou os cristãos como "pervertidos, degenerados e irracionais" (p. 20). Para Dawkins, Deus seria um "delinquente psicótico inventado por pessoas loucas, iludidas" (p. 64), ao que McGrath reage por entender que, embora Dawkins afirmasse ser contra qualquer ideia sobre Deus, ele se baseava somente na ideia fundamentalista que os cristãos guardavam sobre Deus. Quanto à educação religiosa das crianças, criticada por Dawkins, McGrath concorda que realmente se deve melhorar o conteúdo dos ensinos cristãos para que não encerrem as ideias distorcidas e estereotipadas de Dawkins. Ele ressalta que:

> *Deus, um delírio* reforça, mais por suas falhas que por suas realizações, a necessidade da educação religiosa de alta qualidade na

arena pública, em oposição às caricaturas toscas, estereotipadas e distorcidas que estão sendo hoje agressivamente espalhadas pelo fundamentalismo ateu (2007, p. 20).

McGrath critica a falta de entendimento de Dawkins de teologia cristã ao mencionar Terry Eagleton, crítico literário e cultural: "Imagine alguém discorrendo sobre biologia tendo como único conhecimento do assunto o Book of British Birds [Compêndio sobre os pássaros britânicos], e você terá uma tosca ideia de como alguém se sente ao ler Richard Dawkins sobre teologia" (2007, p. 30).

O argumento de que Dawkins e os neoateus reportam-se ao fundamentalismo religioso, cujas ideias e conceitos não são aceitos por outras doutrinas teológicas cristãs, não faz jus a Dawkins, que afirma, no seu livro Deus, um delírio, não se referir a nenhuma versão de Deus, e sim a qualquer crença no sobrenatural. Porém, se ele expõe ideias somente do fundamentalismo religioso, revela sua falta de vontade de se aprofundar na doutrina cristã e no que o cristianismo em geral afirma sobre Deus e o sobrenatural.

Segundo Joanna e Alister McGrath (2007), Dawkins apresenta no seu discurso antirreligioso somente um raciocínio teológico, dentre muitos. Ele apresenta "o patológico como o normal, o extremo como o centro, o excêntrico como o padrão (...) o que não é aceitável nem científico" (p. 31). Por isso, a religião e o Deus que Dawkins advoga contra, muitos teólogos e cristãos também não creem.

Principais argumentos discutidos entre Dawkins e McGrath sobre se a Ciência refutou Deus

Segundo McGrath, o tema central do livro de Dawkins, Deus, um delírio, difunde a crença de que a ciência refutou Deus. Para Dawkins, crer numa divindade mostra obscurantismo, superstição e eleva o ateísmo como "única opção para a pessoa séria, progressista, pensante" (2007, p. 47).

Em 2008, Alister McGrath e Richard Dawkins aceitaram ter um debate filmado sobre os pontos de discordância entre ambos. Questões como fé, probabilidade da existência de Deus, a maldade da religião, a explicação do surgimento do mal, simplicidade *versus* complexidade, foram debatidas.

Evidência e fé

Segundo Dawkins, quando evidências aparecem, não se necessita mais de fé porque ela se baseia na razão. Para ele, a fé "é confiança cega, na ausência de evidências ou mesmo diante delas" (McGrath, 2007, p. 115). Porém, para McGrath, Dawkins se utilizou de uma definição que não é defendida nem pelos teólogos mais tradicionais. Ao afirmar que Deus é improvável, portanto, não existe, Dawkins exige das pessoas uma fé no ateísmo. Para Dawkins, o "ateísmo é afirmado como se fosse a única conclusão possível para uma série de axiomas" (2007, p. 119).

As declarações de Dawkins sobre a existência de Deus não se apoiam em nenhum método objetivo, nenhuma evidência, somente nas suas próprias conclusões axiomáticas, e, quando encontra afirmativas sobre a fé cristã, ele procura personagens dos primeiros séculos, distorcendo suas afirmações originais, como a do escritor cristão Tertuliano (c. 160 – c. 225), por exemplo, citado por Dawkins por meio de fontes secundárias, e não do original, ao utilizar uma frase de Tertuliano fora do contexto. Quando ele declara "É certo porque é impossível" não se refere à dicotomia entre fé e ciência, e sim sobre a ressurreição de Cristo. Segundo McGrath, Tertuliano, ao contrário assinala que a "razão é uma propriedade de Deus, (...) Além disso, não existe nada que Deus não deseje que seja investigado e entendido pela razão" (2007, p. 127).

Se há incertezas sobre a existência de Deus, McGrath afirma que ela também existe a respeito da ciência, mais precisamente na teoria da evolução darwinista. De acordo com McGrath,

... A história da ciência deixa claro que novas evidências costumam aparecer, provocando uma revisão radical – e talvez o abandono – de muitas teorias há muito definidas. (...) O darwinismo como qualquer outra teoria científica deve ser visto como um lugar temporário de repouso, não um destino final (2007, p. 133).

Para McGrath, Dawkins é extremamente minucioso e preciso em suas abordagens científicas no estudo de suas experiências, porém, quando se refere à religião, ele abandona sua análise detalhada e cuidadosa, substituindo-a pela retórica. Para declarar que a única visão do mundo deve ser a ateísta, baseada na evolução de Darwin, Dawkins teve que dar um "salto de fé" do agnosticismo para o ateísmo, tanto quanto aqueles que deram um mesmo salto, na direção contrária. Portanto, a ideia do ateísmo como uma forma de fé é clara. É certo que ninguém conseguirá resolver a questão da existência de Deus com completa certeza.

McGrath levanta a questão de que Dawkins nunca se aprofundou em teologia nem se deu ao trabalho de tentar entendê-la, portanto, não consegue entender o que os teólogos querem implicar quando falam de "fé". Dawkins falha até mesmo em começar a entender o que a teologia cristã comunica com sua linguagem.[4]

Embora Dawkins argumente que toda religião é malévola, McGrath admite que podem existir algumas formas de religião doentias e destrutivas, enquanto outras parecem bastante boas para o ser humano. Segundo uma pesquisa científica (KOENIG; COHEN,

---

[4] Como ateu, Noam Chomsky afirma que os neoateus são uma "vergonha" porque nenhum dos escritores neoateus relevantes "são acadêmicos religiosos, historiadores da religião, ou antropólogos culturais genuínos que possam, por exemplo, examinar os contextos culturais, históricos, literários ou linguísticos nos quais as várias partes da Bíblia foram escritas, para prover uma explicação do porquê os literalistas fundamentalistas bíblicos são enganados e ignorantes. 'Embora os neoateus se proclamem iluminados e livres-pensadores, Chomsky argumenta que eles se apresentam com a mente estreita e fanáticos desinformados, cujo único propósito é antagonizar as pessoas religiosas'" (WERLEMAN, *The new atheism threat*, 2015, p. 692 – trad. livre).

2001)⁵ envolvendo 100 estudos, somente se encontrou uma associação negativa entre religião e bem-estar em 1% da população estudada. E foi justamente nessa percentagem que Dawkins fundamentou toda sua tese de que a religião se constitui em um grande mal para a humanidade.

O *design* inteligente do mundo: um criador preguiçoso?

Dawkins considera o conceito de um *design* inteligente do mundo por um criador, complexo e improvável. Se um projetista projetou o mundo... Quem projetou o criador? Ele não teria surgido espontaneamente. McGrath replica que se Deus tivesse sido criado, seria um ídolo.

Para Dawkins, o bom *design* surgiu com a evolução natural. Recorrendo a uma frase cunhada por William Paley, no século XVIII, tendo Deus como um "relojoeiro", Dawkins refuta que a aparente complexidade da natureza torna-se simples quando analisada dentro da perspectiva darwiniana. Conforme Dawkins:

> Um verdadeiro relojoeiro possui antevisão: ele projeta suas molas e engrenagens e planeja suas conexões imaginando o resultado final com um propósito em mente. A seleção natural, o processo cego, inconsciente e automático que Darwin descobriu e que agora sabemos ser a explicação para a existência e para a forma aparentemente premeditada de todos os seres vivos, não tem nenhum propósito em mente. Ela não tem nem mente nem capacidade de imaginação. Não planeja com vistas ao futuro. Não tem visão nem antevisão. Se é que se pode dizer que ela desempenha o papel de relojoeiro da natureza, é o papel de um relojoeiro cego. (...) Mas os resultados vivos da seleção natural nos deixam pasmos porque parecem ter sido estruturados por um relojoeiro magistral, dando uma ilusão de desígnio e planejamento (p. 11).

---

[5] Harold G. Koenig; Harvey J. Cohen. *The link between religion and health: Psychoneuroimmunology and the faith factor*. Oxford: Oxford University Press, 2001.

Portanto, de acordo com Dawkins, a seleção natural em um processo cumulativo quebraria o problema da improbabilidade.

Contudo, McGrath esclarece que as teorias de Paley[6] não foram totalmente aceitas por muitos teólogos relevantes da época "como John Henry Newman (1801-1990) antes de Darwin arruiná-la ainda mais" (2008, p. 78).

McGrath contra-argumenta que assim como as descobertas científicas evoluem e contêm erros e acertos, também a teologia envolve tentativa e erro, nas pesquisas e discussões, para encontrarem a melhor abordagem. De acordo com McGrath:

> Para usar a famosa expressão de Arnold Tonynbee, todo o empreendimento da teologia cristã, como a própria civilização humana, é "um movimento e não uma condição, uma viagem e não um porto". O mesmo é verdade para o método científico. Pesquisar é essencial (2008, p. 88).

Considerar afirmativas de teólogos de séculos anteriores aos séculos XX ou XXI, desconsidera a evolução da história e dos conceitos. Como afirma McGrath: "não se podem apresentar as condições locais da Inglaterra vitoriana como se fossem determinantes da fé cristã em todas as eras" (2008, p. 90).

A religião e a criança

Dawkins afirma que a religião se constitui em um abuso contra a criança. "O cristianismo, tanto quanto o islamismo, ensina às crianças que a fé sem questionamentos é uma virtude" (2007, p. 393). A fé, segundo ele, silencia o cálculo racional da vida. Ensinar uma fé que não exija justificativa e não tolere nenhuma argumentação

---

[6] A teoria de William Paley (1743-1805), arquidiácono de Carlile, surgiu em contrapartida ao deísmo que advogava que Deus criara o universo e não mais se envolvia com o mundo. A "teologia natural" versava que a organização da natureza seria uma prova da existência de Deus.

traz consequências desastrosas para a humanidade, como no exemplo dos homens-bomba. De acordo com Dawkins,

> Os homens-bomba fazem o que fazem porque acreditam mesmo no que lhes ensinaram nas escolas religiosas: que o dever para com Deus supera todas as outras prioridades, e que o martírio a serviço dele será recompensando nos jardins do Paraíso. (...) A fé pode ser perigosíssima, e implantá-la deliberadamente na cabeça de uma criança inocente é gravemente errado (2006, p. 395).

A esse argumento, McGrath recorre ao fato de que o ateísmo foi forçado tanto na União Soviética quanto em outros Estados ateus. O partido Comunista da União Soviética doutrinou através dos seus ensinos escolares, enfatizando a malignidade da religião como perversa e fanática, e de como a religião tornara-se instrumento para a escravidão espiritual das massas. "Alarmados com a persistência da religião, o partido decretou que o ensino das disciplinas escolares (história, literatura, ciências naturais, física, química etc.) deveria ser saturado de ateísmo" (2007, p. 111).

Se a religião, segundo Dawkins, inflige o mal à humanidade, McGrath responde que se poderia declarar o mesmo sobre o ateísmo. Obviamente que há abusos institucionais, contudo, pode-se observar isso tanto no ateísmo, teísmo ou na democracia.

Genes, memes e o sentido da vida

Em 1976, Dawkins lançou seu livro *O gene egoísta*, onde defende a existência de genes replicadores através dos memes.[7] A religião seria um conjunto de memes que se auxiliam mutuamente. Com o conceito de genes egoístas que seriam replicadores "inconscientes

---

[7] De acordo com a definição científica do Projeto Genoma Humano, o gene é a unidade física e funcional fundamental da hereditariedade, uma sequência ordenada de nucleotídeos localizada em uma posição particular em um cromossomo particular que codifica um produto funcional específico (isto é, uma proteína ou molécula de RNA). O conceito de meme, para Dawkins, equivale a um replicador cultural garantindo a transmissão da informação no tempo e no espaço.

e cegos" pulando de cérebro em cérebro. Para ele, o "meme-Deus" teria "grande valor de sobrevivência ou de poder infectante no ambiente fornecido pela cultura humana" (1976, p. 123). Sendo assim, a crença em Deus seria uma infecção maligna que contaminaria "as mentes puras" (McGRATH, 2008, p. 169). Ao que McGrath replica que a sua ideia não tem valor, já que não possui evidência experimental. Os valores pessoais de Dawkins comprometem a avaliação do que é "bom" e do que é "ruim". Conforme McGrath:

> As implicações desse consenso emergente da hipótese de "Deus como vírus" são inequívocas. Uma já frágil analogia se torna completamente insustentável. Se a religião é descrita como tendo um impacto positivo no bem-estar humano por 79% dos últimos estudos nesse campo, como se pode conceber que seja considerada análoga a um vírus? Os vírus significam um mal para você. (...). Além disso, qual é a verdadeira evidência experimental para este hipotético "vírus da mente"? (2008, p. 170).

Se todas as ideias, argumenta McGrath, "são memes, ou consequência dos memes" por que as ideias científicas não poderiam também ser consideradas memes e o que determina o meme "bom" e o "útil"? Segundo McGrath,

> Em qualquer leitura convencional das coisas, um "meme bom" ou "útil" seria aquele que pudesse promover harmonia, que desse a alguém um sentimento de pertencimento, ou que aumentasse a expectativa de vida. Esses pareceriam critérios mais naturais e óbvios para os memes "bons" (2008, p. 157).

No mundo científico, de acordo com McGrath, muitos já abandonaram o "meme" como ferramenta séria de pesquisa científica (MORRIS e GARDNER apud McGRATH, 2008).

Um meme é tão amplamente definido por seus proponentes como um conceito inútil, que cria mais confusão do que ilumina. Predigo que o conceito logo será esquecido como uma curiosa excentricidade linguística sem valor. Para os críticos, que no momento muito excedem em número os verdadeiros crentes, a memética não passa de uma terminologia incômoda para dizer o que todos já sabem e que pode ser dito de maneira mais proveitosa na tediosa terminologia da transferência de informação (GARDNER apud McGRATH, 2008, p. 168).

McGrath reage à ideia de Dawkins de que a religião é má e leva à violência. Ele argumenta que tanto a religião como a política extremista podem causar violência. Segundo McGrath, Dawkins afirma inocentemente que não existem evidências de que o ateísmo influencie "sistematicamente as pessoas a agirem mal". McGrath recorda que, entre 1918 e 1941, as autoridades soviéticas destruíram e eliminaram sistematicamente a grande maioria das igrejas e dos sacerdotes, em um esforço de implantar a ideologia ateísta. A história da União Soviética também se encontra repleta de perseguição através de incêndios e explosões de inúmeras igrejas. Na Romênia, por conta da perseguição à religião, o dissidente cristão romeno Tutea "passou 13 anos como prisioneiro por crime de consciência e 28 anos em prisão domiciliar" (2007, p. 112). McGrath afirma que reconhece que os seres humanos "são capazes tanto de violência quanto de excelência moral – e que ambos podem ser provocados por visões do mundo, religiosas ou não" (2007, p. 112).

Considerações Finais

O debate entre Richard Dawkins e Alister McGrath ocorreu em 2007, sendo gravado em Oxford, Inglaterra. Os dois debateram pontos cruciais, tais como: a origem de Deus, o desenho inteligente do mundo, a existência do mal, a malignidade da religião, fé, a incompatibilidade entre a fé e a ciência, a simplicidade da ciência e a complexidade de Deus. Neste capítulo enfatizamos os assuntos mais divergentes entre os dois, tanto no debate quanto em livros escritos, muitas vezes, respondendo um ao outro.

Como biólogo cristão, McGrath sentiu-se compelido a responder e rebater algumas afirmativas de Dawkins, baseado tanto na sua visão teológica quanto biológica do mundo. Ele admite a beleza das ciências naturais, porém, não acredita que seja a única explicação do mundo, baseado no fato de que a Ciência constantemente muda e descobre coisas novas, e que até mesmo a teoria de Darwin, em que Dawkins se fundamenta fortemente, tem sofrido mudanças, retoques e possui alguns conceitos ainda não totalmente provados cientificamente.

Dawkins mostra-se dúbio quanto ao uso indiscriminado de Deus e de religião. Quando ele se refere a Deus e quando se refere à religião, não fica bem claro em seus livros. Parece-me que seu ateísmo se refere a um Deus e a alguns conceitos do cristianismo dos séculos II ao século XIX, porém, nem se pode mais utilizar somente o termo religião cristã como uma unidade, pois existem várias doutrinas teológicas dentro do cristianismo. Uma delas difere totalmente do conceito de cristianismo que Dawkins descreve em seus livros. A ideia de inferno, medo, temor, salvação através do sacrifício expiatório de Cristo tem sido debatida e revista em algumas linhas doutrinárias cristãs. As Teologias liberal, apofática, teísta e relacional (François Varrillon, Scheleirmacher, Ernst Troeschl, Meister Eckhart, Wittengeinstein, Charles Hartshorne, Alfred North Whiteheade John Cobb, Clark Pinnock, John Sanders), se estudadas por Dawkins, poder-lhe-iam fornecer bases menos infantilizadas nas quais se respaldar.

Dawkins critica e ataca a religião baseado em um conhecimento raso sobre a doutrina, diga-se de passagem, que tanto no cristianismo quanto no islamismo encontram-se extremistas e fanáticos, como na política, assim como enfatizou bem McGrath.

Assim como não há unidade no ateísmo, não existe nas religiões monogâmicas que Dawkins expôs em seus questionamentos. Conhecer mais profundamente aquilo que se debate seria o mais racional e lógico. Dawkins contesta a religião e Deus com um fervor quase que inocente, por não haver levado em consideração as variedades de conceitos existentes na doutrina cristã e ter elevado o ateísmo como a verdade máxima, perfeita e a única visão de vida que o ser humano poderia possuir.

McGrath, embora tenha permanecido, às vezes, na visão fundamentalista do cristianismo, expôs alguns conceitos errôneos científicos quanto aos memes e genes como replicadores. Dawkins afirma que a ciência e a religião são incompatíveis, ao contrário de McGrath, que, no debate, conclui que as duas necessitam se encontrar no futuro. Reafirmo a postura de McGrath citando Ricardo Quadros Gouvêa (2014), que assinala haver a necessidade de um diálogo entre a teologia e a ciência para a promoção de "análises autocríticas" que podem gerar um novo discurso que abranja ambas e "traga compatibilidade e consistência entre pensamento científico e pensamento religioso, unificação esta de que a civilização contemporânea tanto necessita" (2014, p. 113).

Clarissa de Franco[8] explicita muito bem em sua tese de doutorado que a Ciência e a Teologia não necessariamente necessitam ser polarizadas.

Questões e campos de fronteira provavelmente sempre existirão, dada a complexidade do conhecimento. As soluções para o contato destes campos é que evidenciam se o conhecimento é abordado com vistas a uma abertura de fronteiras ou a um fechamento que visa encerrar as questões dentro de um modelo único de verdade. Por que, afinal, é necessário opor tradição e modernidade? Por que não podem coexistir posicionamentos religiosos e científicos, sem a luta pela invalidação dos argumentos do outro? (2014, p. 29).

O debate entre a ciência e a religião, ou a ciência e a teologia é interminável. Não se trata aqui de quem ganhou ou perdeu, e sim de uma tentativa de integração entre dois campos diferenciados nas suas metodologias, observações, do mundo e da vida. Cabe a cada cientista explorar, pesquisar, sem, porém, se colocar como o

---

[8] Clarissa de Franco. *O ateísmo de Richard Dawkins nas fronteiras da ciência evolucionista e do senso comum.* São Paulo: PUC-SP, 2014.

detentor da "verdade", pela existência de várias "verdades" decorrentes de cada ciência e cada subjetividade do observador.

Referências bibliográficas

DAWKINS, R. *Deus, um delírio*: Trad. Fernanda Ravagnani. São Paulo: Companhia das Letras, 2007.

_____. *O gene egoísta*. São Paulo: Companhia das Letras, 1976.

_____. *O relojoeiro cego*. Trad. Laura Teixeira Motta. São Paulo: Companhia das Letras, 2001.

DE FRANCO, Clarissa; PETRONIO, R. *Crença e evidência*. São Leopoldo: Editora Unisinos, 2014.

_____. *O ateísmo de Richard Dawkins nas fronteiras da ciência evolucionista e do senso comum*. (Tese de doutorado). São Paulo: PUC-SP, 2014.

GARDNER, M. Kilroy Was Here. *Los Angeles Times*, 5 mar. 2000.

GOUVÊA, R. Q. A religião sob a perspectiva do funcionamento do cérebro e da evolução da mente. Uma introdução crítica à interface entre neurociências e religião às ciências cognitivas da religião In: DE FRANCO, C.; PETRONIO, R. *Crença e evidência*. São Leopoldo: Editora Unisinos, 2014, p. 91-116.

McGRATH, Alister E. *O Deus de Dawkins: genes, memes e o sentido da vida*. Trad. Sueli Saraiva. São Paulo: Shedd Publicações, 2008.

_____. *Fundamentos do diálogo entre Ciência e Religião*. Trad. Jaci Maraschin. São Paulo: Loyola, 2005.

McGRATH, Alister e Joanna. *O delírio de Dawkins*. Trad. Sueli Saraiva. São Paulo: Editora Mundo Cristão, 2007.

MINOIS, Georges. *História do ateísmo*. Trad. Flávia Nascimento Falleiros. São Paulo: Editora Unesp, 2012.

MORRIS, S. C. *Life's solution: Inevitable humans in a lonely universe*. Cambridge: Cambridge University Press, 2003.

PETRONIO, R. O real e seu duplo. Conflitos e convergências entre ateísmo e religião no debate contemporâneo. In: DE FRANCO, C.; PETRONIO, R. *Crença e evidência*. São Leopoldo: Editora Unisinos, p. 165-186, 2014.

WALTERS, Kerry. *Ateísmo. Um guia para crentes e não crentes*. São Paulo: Paulinas, 2015.
WEINBERG, Steven. *The First three minutes*. New York: Basic Books, 1977.
WERLEMAN, C. J. *The new atheist threat – The dangerous rise of secular extremists*. Great Britain: Dangerous Little Books, 2015.

CAPÍTULO III

JOHN SEARLE *VERSUS* DANIEL DENNETT
REPERCUSSÕES DE UMA POLÊMICA FILOSÓFICA SOBRE OS ATEÍSMOS CONTEMPORÂNEOS

Wojciech Mittelstaedt e Edenio Valle

Introdução

1. O objeto da presente reflexão é o exposto no título do capítulo. A apresentação se divide em duas partes principais. A primeira relembra a rumorosa polêmica travada nas páginas da *The New York Book Review* entre os filósofos Daniel Dennett e Jonhn Searle, debate esse que foi retomado nos decênios seguintes por muitos outros filósofos da mente e cientistas cognitivos em periódicos e livros de natureza acadêmica, inclusive no Brasil. A segunda parte busca contextualizar melhor esse longo debate, destacando como as discussões – não sem influência do conhecido biólogo inglês Richard Dawkins – se deslocaram paulatinamente do campo da Filosofia e da Epistemologia científica para o das Biociências e da Psicologia Evolucionária calcadas prioritariamente em concepções de inspiração neovolucionistas e em temáticas levantadas pelas Ciências Cognitivas e pelos avanços da Ciência da Computação e das

Hipertecnologias que tomaram um vulto formidável na passagem do século XX ao XXI.

Por essa via constituiu-se um panorama científico e tecnológico bem mais complexo do que o existente na segunda metade do século XX. É como escreve S. Pinker:

a psicologia evolucionista reúne duas revoluções científicas. Uma é a revolução cognitiva das décadas de 50 e 60, que explica a mecânica do pensamento e emoção em termos de informação e documentação. A outra é a revolução da biologia evolucionista das décadas de 60 e 70, que explica o complexo *design* adaptativo dos seres vivos em termos de seleção entre replicadores. As duas ideias formam uma combinação poderosa. A ciência cognitiva ajuda-nos a entender como uma mente é possível e que tipo de mente possuímos. A biologia evolucionista ajuda-nos a entender por que possuímos esse tipo específico de mente (PINKER, 1998, p. 34).

Esse trecho foi escrito em 1997. Se tivesse que o reescrever hoje, provavelmente Pinker diria que no século XXI estamos vivendo nova fase ou quem sabe uma terceira revolução com a qual se reacendem argumentos e questionamentos que pareciam já terem sido deixados de lado. Entre esses está a discussão das relações entre cérebro-mente-consciência, que retornou novamente ao palco das atenções com perguntas como as seguintes: seriam os processos mentais algo específico da espécie humana? Seriam eles reduzíveis apenas a processos neurofisiológicos e bioquímicos produzidos pelo cérebro e perfeitamente comparáveis aos realizados por máquinas "pensantes" (como queria Dennett em 1980) ou há que se postular conceitos metateóricos como os de consciência e intencionalidade (como postulava Searle no mesmo ano)? Refletem-se as teses da Ciência Cognitiva e da Filosofia da Mente no campo dos chamados "novos" ateísmos?

2. Desse parágrafo introdutório se pode deduzir que a discussão filosófica que se deu entre Searle e Dennett ainda não se esgotou. Elas retornam com novos desafios. Por essa razão, antes de passar a

discorrer sobre o primeiro e os subsequentes debates entre Dennett e Searle, julgamos oportuno e mesmo necessário oferecer ao leitor uma breve indicação do que se entende por "Ciência Cognitiva" e "Filosofia da Mente".

Ciência Cognitiva

Com a *Stanford Encyclopedia of Philosophy* (no verbete *Cognitive Science*), pode-se definir esse campo do saber como sendo

o estudo multidisciplinar da mente e da inteligência que compreende a Filosofia e a Psicologia, a Inteligência Artificial, a Neurociência, a Linguística e a Antropologia. Suas origens científicas provêm dos anos cinquenta, quando pesquisadores dos mais distintos campos começaram a elaborar teorias sobre a mente baseadas em representações complexas e procedimentos computacionais. Em meados dos anos setenta foi fundada a Cognitive Science Society e nos anos noventa surgiu a revista *Cognitive Science* (THAGARD, 2014). Hoje chegam a mais de uma centena as universidades com cursos nessa área.[1]

Como enuncia a *Enciclopédia de Stanford*, a designação Ciência da Mente congrega sob um mesmo guarda-chuva certo número de enfoques científicos novos que estudam o que é no ser humano a sua capacidade mais original: sua autocompreensão. A Ciência Cognitiva não estuda essa originalidade assim como ela era conceituada até um passado não muito distante, mas "desde sua natureza bioevolutiva e histórico-cultural, agora alterada por intervenções e descobertas fantásticas que estão tornando cada vez mais o ser humano um demiurgo de si mesmo" (VALLE, 2011, p. 151).

Filosofia da Mente

A Filosofia da Mente nasceu como uma espécie de decorrência ou corolário das surpreendentes descobertas realizadas

---

[1] Tradução própria dos autores.

pelas Ciências Cognitivas da segunda metade do século XX, que teve como um de seus principais eixos o problema da relação corpo-cérebro-mente-consciência.

3. Essa é uma preocupação que já se fazia presente na Filosofia inglesa dos séculos XVII e XVIII. É esse é o caso de John Locke (1711-1776) e D. Hume (1711-1772), que valorizaram ao máximo a autoridade da experiência adquirida através dos sentidos e, com isso, puseram em dúvida o primado do "cogito" como definidor do "eu sou" cartesiano. Menciono nominalmente esses dois empiristas britânicos devido à grande influência que exerceram e continuam exercendo em países de língua inglesa sobre as Ciências Cognitivas. Eles estão, para citar alguns itens, na raiz de conceitos psicológicos como os de "identidade" e do "eu" e definem o "si mesmo" como uma continuidade da consciência e não como uma "tábula rasa" a ser aos poucos preenchida, conceituam as ideias universais como "nomes" cognitivos vazios e os processos mentais derivados das experiências sensoriais dos sujeitos. Hume e Locke, que são contemporâneos, estão entre os primeiros filósofos a abandonar as hipóteses em geral dualistas do método teológico-metafísico em favor de uma visão empírica da natureza humana. Para eles, os critérios mais fundamentais de uma abordagem científica são a experimentação, a lógica matemático-dedutiva e a evolução natural, ou seja, essa só existe quando resultado da observação e análise cuidadosas da plasticidade/capacidade de adaptação dos organismos vivos a seu meio ambiente.

É quase ocioso perguntar se essas noções filosóficas não estariam de alguma forma por trás do que divide e do que aproxima Dennett de Searle. O elemento novo na polêmica que eles travaram são as fascinantes novidades que as pesquisas científicas das Bios e Neurociências e as aplicações da Nanotecnologia[2] trouxeram nos

---

[2] Um dos grandes nomes da Nanotecnologia é o do cientista Eric Drexler, nascido em 1955, nos Estados Unidos, considerado um dos fundadores desse ramo aplicado da engenharia computacional. Ele estudou e doutorou-se em engenharia

últimos 100 anos à nossa compreensão da natureza humana e dos micro e macrouniversos nos quais elas evoluíram.

Parte I
Grandes linhas da polêmica da The New York Book Review

1. Componentes básicos e argumentos dos primeiros embates

No centro das disputas entre Dennett e Searle, o que estava em jogo não era a existência ou não de alguma divindade ou entidade superior, seja qual for a nossa compreensão da mesma. A razão pela qual Searle insistia na necessidade de conceitos filosóficos como os de intencionalidade e significado na análise da experiência elementar que todo ser humano tem de si mesmo, é que era o ponto nevrálgico de sua discordância do fisicalismo funcionalista de Dennett. Daí o seu postulado da irredutibilidade ontológica da consciência ao jogo das redes e conexões mecânicas que se dão nos chamados cérebros eletrônicos. O que Searle rejeitava não era a dimensão material dos processos cerebrais, mas a recusa de Dennett em reconhecer algo: o "espiritual" dos processos conscientes.

Para Dennett, o equívoco de Searle situava-se entre outros na impossibilidade metodológica de suas hipóteses serem empiricamente verificadas com a metodologia das modernas Ciências Cognitivas. Para ele, o conceito de consciência não passava de um "mero mito" e de um engodo de nosso senso comum. É uma tese que, por insistir no caráter subjetivo dos processos mentais (conscientes e/ou inconscientes), impossibilitaria a um observador externo o acesso

---

molecular no MIT, a partir de estudos prévios em Biologia Molecular, Bioquímica e Ciência da Computação. Segundo Drexler, a Nanotecnologia torna viável a produção de computadores em escala microscópica (donde o nome de Nanotecnologia), o que provocará uma verdadeira revolução científico-tecnológica na manipulação e uso da matéria com enormes consequências industriais, ambientais, médicas, éticas e *last not least* militares, tudo isso conseguido através de microcomputadores menores do que uma molécula (cf. DREXLER, 1987).

ao que é experimentado no âmbito inacessível da subjetividade de cada qual. Repete-se aqui, na Filosofia da Mente, a mesma insolúvel controvérsia metodológica e teórica que já havia acontecido na Psicologia dos anos 1920 entre as escolas introspeccionistas e behavioristas. Searle se defende afirmando ser possível sim conhecer objetivamente o que se passa dentro dos sujeitos, uma vez que existem métodos para se chegar a tal. Simultaneamente, ele crê que sua concepção mentalística, verificada até pela autopercepção de um bebê humano, é perfeitamente consistente com a concepção que hoje se tem da natureza enquanto sistema físico (SEARLE, 1997, p. 120).

Nessa perspectiva a consciência perceptiva, emocional e cognitiva que temos de nós mesmos deveria fazer parte de uma Filosofia completa da mente complementada por dados neurobiológicos e outros como os constatados pelas modernas Ciências Cognitivas. O conhecido pela via do senso comum pode ser um bom ponto de partida para investigações experimentalmente conduzidas. Não há, assim, uma contradição substantiva entre aquilo que o senso comum constata (com evidentes precariedades) e o que as Ciências Cognitivas comprovam mediante seus próprios métodos e instrumentos. O que interessa a Searle é deixar claro que para ele à objetividade epistêmica do método científico deveria corresponder uma atenção igualmente objetiva à natureza ontológica dos processos mentais (cf. SEARLE, 1998, p. 132). É nesse ponto especialmente que falharia a definição de Ciência de Dennett. Ela excluiria de per si a possibilidade mesma de vir a investigar a subjetividade e esse é seu engano mais fatal. Qual seria então, nesse sentido, o problema da consciência para Searle?

> O problema da consciência consiste em explicar exatamente como os processos neurobiológicos no cérebro "causam" nossos estados subjetivos de ciência e de sensibilidade; como exatamente esses estados "são percebidos" nas estruturas cerebrais; como a consciência "funciona" na economia global do cérebro e, consequentemente, como ela funciona em nossas vidas em geral. Se pudéssemos responder às perguntas causais – o que causa a consciência e o

que ela causa -, acredito que responder às outras perguntas seria relativamente fácil.

Ou seja, se conhecêssemos toda a história causal, saberíamos responder a perguntas do tipo: "onde exatamente estão localizados tais processos conscientes no cérebro, e por que precisamos deles? (SEARLE, 1998, p. 206).

E qual seria a contracrítica de Dennett a essa visão? Ele a expõe com as seguintes palavras em sua resposta a Searle já na *New York Book Review*:

John Searle e eu temos uma profunda divergência sobre como estudar a mente. Para Searle tudo é realmente muito simples. (Eu concedo que) que existem essas intuições fundamentais testadas pelo tempo que temos sobre a consciência e qualquer teoria que as desafiem é simplesmente absurda. Eu, por outro lado, penso que o persistente problema da consciência vai permanecer um mistério até que (...) mostremos que, a despeito das primeiras impressões, ela é falsa! Um de nós está redondamente enganado e os riscos são altos. Searle vê a minha posição como "uma forma de patologia intelectual"; ninguém deveria surpreender-se ao saber que o sentimento é mútuo, Searle tem a tradição ao seu lado. Como ele: diz minha visão é contraintuitiva no início. Mas a visão dele tem alguns problemas que emergem somente após uma análise um tanto quanto minuciosa. Agora como procedemos? Cada um de nós procura construir argumentos para mostrar seu ponto de vista e comprovar que o outro lado está errado.

Note-se que no parágrafo anterior Dennett reconhece a insuficiência do atual conhecimento das Ciências Cognitivas com relação ao "mistério"(!) da cognição. Talvez seja esse o motivo que o leva a utilizar expressões "mentalistas" como, por exemplo, as de "crença" e "desejo", que ele atribui a uma *folk* psychology,[3] por ele considerada como sendo

---

[3] Dennett usa o termo *folk psychology* para se referir a expressões como crença ou desejo que, em sua teoria, fazem parte da *intentional design* que ele considera como sendo um nível indispensável à compreensão da mente ao lado de dois outros níveis, o físico (*physical stance*) e o do *design (design stance)*. É interessante o

uma das mais importantes conquistas evolucionárias da espécie humana – uma conquista que nos permite lidar com o meio ambiente e com outros seres humanos (...) seria uma coleção natural de ficções úteis que permite organizar nosso comportamento e o comportamento de outros organismos e sistemas de modo a diminuir sua margem de imprevisibilidade (apud TEIXEIRA, 2008, p. 150).

O questionamento que o próprio Dennett levanta a esse seu posicionamento parece decorrer dos pressupostos radicalmente materialistas e funcionalistas de sua visão filosófica de fundo, que Teixeira assim resume:

> como nossas intenções, crenças e desejos poderiam existir como tal e, ao mesmo tempo, corresponderem a estruturas cerebrais? Como termos teóricos, ou seja, como os *posits* e abstrações podem ter uma existência própria e ao mesmo tempo ser algo de nossos cérebros? Postular sua existência independentemente de suas estruturas cerebrais equivaleria a romper com o materialismo; por outro lado, sua redutibilidade a estruturas cerebrais (...) seria o mesmo que apostar no materialismo eliminativo (TEIXEIRA, 2008, p. 150).[4]

O que Dennett critica é que tais conceitos sejam tomados ao pé da letra e reificados quando sua utilidade se limita à de constatar e até certo ponto explicar e prognosticar certas percepções subjetivas que estão ligadas a sentimentos e emoções inefáveis como a

---

modo como ele conecta esses níveis ao que chama *folk psycology*, uma dimensão da mente que "recorre à atribuição de crenças, desejos, intenções etc., para podermos tornar inteligíveis as irregularidades "do senso comum" (cf. TEIXEIRA, 2015, p. 150).

[4] Nenhuma dessas duas alternativas é seguida por Dennett. Coerente com sua teoria mais geral sobre a relação cérebro-mente, ele continua julgando necessário preservar uma esfera própria de descrição psicológica dos organismos à qual dá o nome de esfera *intentional* (mencionada na nota anterior). Ele julga que mesmo se a ciência chegar um dia a encontrar os correlatos neurais das ficções da *folk psychology*, "isto nos revelaria muito pouco acerca de sua natureza e de sua função" (apud, 2008, p. 150).

raiva ou a dor. São realidades psicológicas inegáveis que não devem ser tomadas como entidades reais assim como nosso eu as percebe no nível do senso comum. A ciência, porém, não deve permanecer nesse nível que é enganoso. Quanto a esse ponto, como Dennett disse, "ou Searle ou ele estavam redondamente enganados". Trata-se de um erro que tem consequências sérias para o debate que eles travavam sobre a mente humana. Dennett concede que Searle tem a seu favor uma tradição que vem de muitos séculos, a qual tem lugar garantido na Filosofia, enquanto a posição dele é uma visão contraintuitiva mas é ela a que melhor corresponde ao que as Bios e Neurociências, a Psicologia Evolucionária e outras áreas a elas afins estão nos demonstrando.

A meta que Dennett e com ele inúmeros outros filósofos da mente se propõem atingir é a de se fazer uma ciência objetiva que possa ser verificada por uma terceira pessoa através de observações controladas. Tal meta é o que motiva a polêmica em torno das chamadas inteligências artificiais (dos anos 1970 e 1980), que têm um de seus eixos na afirmação de que os robôs computorizados (com seus *hardwares* e *softwares*, *inputs* e *outputs*) são um símile perfeito do funcionamento dos processos mentais, uma vez que operam sem ter disso noção ou consciência.

2. Perguntas emergentes do debate entre Dennett e Searle?

2.1. Elenco das perguntas em disputa

Em rápidas pinceladas, os tópicos que estiveram de uma ou outra maneira presente nos debates iniciais e que continuam sendo debatidos até hoje vão nas seguintes direções:

• O que é afinal a mente humana? São mente e cérebro uma só coisa? São os produtos da mente apenas "hospedeiros biológicos da mente"? Podem todas as atividades mentais ser um dia replicadas por máquinas pensantes?

• Será que a moderna Filosofia da Mente continua a girar em torno do mesmo problema que ocupava os filósofos do passado: "serão mente e corpo a mesma coisa? Ou em palavras de hoje: será o pensamento apenas um produto do nosso cérebro? Produziria ele o pensamento 'da mesma forma que meu pâncreas produz insulina?'" (TEIXEIRA, 2009, p. 15).

• Será que as concepções materialistas (naturalistas ou funcionalistas, monistas ou dualistas) que permeiam o pensamento científico ocidental contemporâneo dão conta de responder às questões da mente (Dennett acha que sim) ou deve ela ser no mínimo complementada pela Hermenêutica Fenomenológica (METZINGER, 2003; VALLE, 2011, p. 157-160), pela Semiótica e por uma Epistemologia mais abrangente?

• Mais ainda: quais são a natureza, a estrutura e o modo de funcionamento da consciência (cf. SEARLE, 2006, p. 123-160 e 183-248)? Haveria necessidade de se postular algum tipo de *intencionalidade* como sendo o específico do ser humano?

• Seriam o cérebro e a mente apenas um afinado computador biodigital nascido de um processo evolutivo de milhões de anos?

• É preciso criticar a razão cognitiva, assim como fazem G. Edelman (1989), F. Crick (1994), que, segundo Dennett, endossariam posições semelhantes às dele próprio?

• Será que, à luz dos conhecimentos atuais, basta contornar o problema da consciência e da subjetividade através de uma distinção conceitual entre sensação e percepção?, concebendo-se a *sensação* como uma sensibilidade ante os estímulos e a medida em termos observáveis das atividades neuronais e bioquímicas e conceituando a *percepção* como um processo de nível superior, detectável mais através de metodologia filosófica do que por mensurações de cunho exclusivamente materialista e biológico? (PEREIRA JR., 2003, p. 114).

• Em termos epistemológicos, seriam aceitáveis os sugeridos por Merleau-Ponty ao se perguntar se há "uma intencionalidade operante que faz a unidade natural e antepredicativa do mundo e da vida, assim como esses aparecem em nossos desejos, em nossas avaliações, em nossa paisagem, mais claramente que em nosso conhecimento objetivo", e que dessa maneira fornecem o texto do qual nossos conhecimentos objetivos procuram ser tradução em linguagem objetiva? (apud COELHO JR., 2008, p. 67).

• Estariam também os filósofos da mente ante os mesmos impasses que forçaram os filósofos de sempre optar entre duas alternativas básicas que no fundo são talvez as mesmas que dividem Dennett e Searle: "os estados mentais (e os estados subjetivos) ou bem são apenas uma variação ou um tipo especial de estados físicos (monismo); ou bem são estados mentais e subjetivos a serem definidos num domínio completamente diferente e à parte daquele dos fenômenos físicos, como dizem os dualismos" (...) É nesse sentido que o problema cérebro-mente-consciência é chamado também por Teixeira de "problema ontológico", pois o que é preciso é "saber se o mundo é composto apenas de um tipo de substância, qual seja, a substância física, e se a mente é apenas variação dessa última, ou se, na verdade, nos defrontamos com dois tipos de substâncias totalmente distintas, com propriedades irredutíveis entre si" (TEIXEIRA, 2008, p. 17).

Nessa última hipótese teria razão Teixeira (2008, p. 17), quando se pergunta se não haveria por trás de todas as questões antes enumeradas um problema realmente "ontológico", hipótese de todo rechaçada por Dennett (como filósofo da mente) e por Dawkins (como biólogo), mas postulada por Searle como filósofo da mente e da linguagem.

2.2. Duas tabelas de síntese das posições dos dois debatedores

Antes de passar à Parte II da exposição, pode ser útil apresentar em duas tabelas um quadro comparativo entre as posições de Searle e Dennett. Na Tabela 1 se esquematizam os principais argumentos que polarizam as posições de um e outro dos filósofos que já estavam de alguma forma presentes em suas primeiras escaramuças teóricas. Na Tabela 2 são esquematizados os dois modos possíveis de conceber as relações entre o cérebro e a mente discutidos na moderna Filosofia da Mente. Um é o monismo e outro o dualismo. Em princípio tanto Dennett quanto Searle são monistas e naturalistas, mas com distintas visões.

Tabela 1: pontos de acordo ou desacordo entre Dennett e Searle

As posições claramente mais antagônicas do que convergentes entre Dennet e Searle datam seguramente de concepções que eles possuíam já anteriormente à sua primeira polêmica pública. Têm talvez sua origem mais remota em seus estudos com G. Ryle (1949), mas tomaram corpo em seus anos como docentes e pesquisadores autônomos na área da Filosofia. Note-se que na tabela não há referências diretas aos neoateísmos. Esse não era o objeto do que eles discutiam naquela ocasião. Também as Ciências Biológicas aparecem só secundariamente. Elas vão emergir (teorias e métodos) quando Dennett adota a perspectiva do neodarwinismo e a incorpora em seu pensamento filosófico (teoria e método), o que Searle reconhece apenas com sérias reservas. A tabela abaixo tenta oferecer um sumário das convergências e das divergências entre as duas posições. Ela leva em conta debates que se estenderam após os anos 1990.

John R. Searle	Daniel D. Dennett
Parte da Filosofia da Linguagem: os processos superiores da mente só podem ser entendidos dentro de uma visão semiótica que aceite a intencionalidade.	Parte das Ciências Cognitivas: o "fisicalismo" é a única alternativa cientificamente aceitável para qualquer estudo, inclusive o da mente humana.
Para ambos as sensações, percepções, memória e demais processos superiores da mente são eventos físicos-neuronais.	

A evolução do cérebro e da mente	
Ambos consideram a percepção humana como sendo diferente da dos animais; ela, para ser bem compreendida, deve ser enquadrada numa visão da evolução do cérebro humano enquanto tal. Searle, porém, crê que a consciência carece de outras aproximações "espirituais".	
Não podemos explicar o funcionamento da mente e a própria consciência só pela evolução material e funcional do organismo.	Podemos explicar isso pela teoria neodarwinista da evolução da espécie e pelo processo de adaptação seletiva.
Metodologia do estudo da mente	
A mente não pode ser estudada num paradigma positivista, pois tem características que extrapolam esse enfoque e método.	A mente é uma entidade puramente física e só pode ser adequadamente estudada como tal (materialismo eliminatório).
Existem estados da realidade que são subjetivos. A mente é constituída sempre através de estruturas neurológicas individualizadas.	A realidade é objetiva. Só podemos estudar a mente através de comportamentos objetivamente observáveis e medidos.
A natureza da mente	
Ambos são naturalistas, antidualistas e nisso se aproxima de Dennett. Para Searle, porém, a mente, mesmo sendo um processo neurofisiológico e biológico, implica sempre a consciência, o sentido e a intencionalidade.	
Naturalismo biológico Não tudo tem caraterísticas materiais ou funcionais. A mente é uma entidade física com sua própria especificidade.	Fisicalismo A mente é uma entidade puramente física com todas as características materiais e físicas e é como tal que deve ser entendida e pesquisada.

Eventos mentais

Eventos mentais ("espirituais"), que envolvem a intencionalidade do sujeito, são subjetivos e não são idênticos a eventos físicos. Portanto, os eventos físicos não explicam os eventos mentais. Sistemas formais e algorítmicos só podem explicar o "físico" (funcionamento neuronal) e não o "mental".	Eventos mentais, como intencionalidade, consciência e introspecção, são idênticos a eventos físicos, portanto, são explicáveis como eventos físicos. Os sistemas corpóreos e físicos podem perfeitamente explicar a mente.

Teoria da consciência

Teoria dos "qualia"	Teoria funcionalista
Existem na mente humana os "qualia", que são qualidades subjetivas idiossincráticas das experiências mentais conscientes, e existem também estados mentais não racionais e subjetivos, como: as crenças, os desejos, medos etc.	O cérebro humano funciona analogicamente à semelhança de um computador. Entre os estímulos (inputs) e o comportamento há "processos discriminatórios" responsáveis por nossas respostas finais aos estímulos (outputs).
Consciência e intencionalidade são essencialmente ligadas. Os humanos funcionam intencional e autoconscientemente; tudo o que fazemos tem um significado além do racional.	Não tem sentido indagar sobre a consciência (ela seria o próprio juiz). Só podemos estudar o que é objetivo. Concepção de "inteligência artificial forte".

Consciência humana x inteligência artificial

Execução correta das instruções não significa necessariamente compreensão das mesmas. O argumento do "quarto chinês" é usado por Searle para ilustrar isso. Uma pessoa que não entende chinês pode executar diretamente as instruções dadas em chinês por um computador, mesmo sem entender nada (isto é, sem ter consciência do que faz). Para tanto, basta que vá seguindo os passos da instrução e apertando os respectivos ícones da sequência indicada. Sem saber o que faz (não consciente), ela responderá exatamente ao que o chinês está indicando e esperando.	Não importa a compreensão do que se faz, mas o seu efeito (funcionalismo). Segundo Dennett, o "Teste de Thuring" comprova que o computador pode imitar perfeitamente as respostas de um ser humano. A pessoa que vai fazer as perguntas à máquina de Thuring ou a uma outra pessoa, não vai poder diferenciar as respostas de um computador das que provêm de uma outra pessoa humana.

A semântica, para Searle, não é intrínseca à sintaxe, nem a sintaxe é intrínseca à física. Realizar uma tarefa dada não é igual a entender o significado dela. A ocorrência de um efeito esperado não precisa (nem pode) ser explicada exclusivamente pelo fisicalismo.	A sintaxe (processos generativos ou combinatórios numa determinada estrutura) tem um papel explicativo do pensamento humano (determinismo). O significado não importa.

Questão de livre-arbítrio

Não determinista	Determinista
O mesmo conteúdo intencional pode determinar diferentes condições de satisfação, relativamente a diferentes Backgrounds (introspecção, intencionalidade, consciência), entretanto certos Backgrounds não são determinados por nada. A consciência é ao mesmo tempo causa e resposta aos eventos mentais; é o julgamento do próprio "eu" que gera a intencionalidade.	As línguas humanas têm uma ambiguidade inerente e, por isso, temos uma sensação de que as coisas são imprevisíveis. O que existe são "sinucas causais" que dão uma ilusão de livre escolha. A consciência deve ser entendida exclusivamente na "terceira pessoa", e deve ser avaliada através de métodos objetivos e experimentais de observação e de verificação.
O problema da consciência continua em aberto, pois, se livre-arbítrio não existe, não podemos afirmar isso livre e racionalmente. Seria um paradoxo.	Livre-arbítrio não existe, é apenas uma sensação do próprio "eu" e, por isso, não podemos avaliá-lo pela auto-observação.

Tabela 2: dualismos e monismos nas concepções das relações entre cérebro-mente (apud TEIXEIRA, 2008, p. 27)

A Tabela 2 é assim comentada por Teixeira, seu autor: as ramificações à esquerda representam dois tipos existentes de dualismo (o de substâncias e o de propriedades), enquanto as da direita as variedades do monismo (materialistas ou idealistas), enquanto a do centro indica a tentativa de se fazer do problema mente-cérebro um pseudoproblema que se dissiparia devido à eliminação do próprio conceito de mente.[5]

2.3. Retornando à conceituação de Ciência Cognitiva e Filosofia da Mente

Já fizemos menção ao que se entende atualmente por Filosofia da Mente e Ciências Cognitivas, duas designações relativamente

---

[5] Os representantes de cada uma das categorias de monismos e dualismos citados na Tabela 2 retornam com detalhes nos demais capítulos do livro. Partindo da herança cartesiana, Teixeira analisa cada uma das categorias monistas ou dualistas que constam da Tabela 1, comentando criticamente as ideias de seus principais representantes. Não há como retomar neste texto toda a complexa evolução do quadro delineado por Teixeira. No entanto, ele é fundamental para se entender os antagonismos e aproximações existentes no debate entre Dennett (p. 143-151) e Searle (p. 136-143).

recentes dentro do amplo espectro de abordagens que desde os gregos estudam o homem no que ele tem de mais original: sua capacidade de conhecer e de conhecer que conhece. As aproximações de Dennett e Searle, assim como as de inúmeros outros filósofos e cientistas da última geração, não devem ser entendidas como uma simples retomada das teorias cognitivas da primeira metade do século XX, como as do biólogo e psicólogo Jean Piaget (1896-1980), do cognitivista russo Lev Vygotsky (1886-1934) ou do filósofo e semiólogo americano Charles S. Peirce[6] (1839-1914), todos eles conhecidos por seus estudos pioneiros a respeito da evolução da inteligência e da linguagem dos indivíduos e dos grupos, enquanto processos mentais onto e filogeneticamente próprios dos seres humanos.

Como já ficou dito, o termo "ciência cognitiva" surgiu na época em que se discutia veementemente a natureza (os potenciais e limites) da "inteligência artificial". Para os pensadores e cientistas "humanistas", o conceito de "inteligência" não era apropriado para falar do que acontece "dentro" das máquinas. Constituiria mesmo uma contradição *in terminis* que poderia induzir a erros quanto ao conceito mesmo de inteligência. Parece-nos que J. Searle não possa sem mais ser classificado como um "humanista", mas, ao menos no tocante à questão da inteligência artificial, ele se preocupa exatamente com o que é peculiar aos seres humanos. Fugindo a uma linguagem biologística, ele adota em seus escritos analogias e metáforas que visam salientar o que um vocabulário da anatomia e da fisiologia ou da computação não tem condições de expressar adequadamente. No caso específico da inteligência artificial, Searle poderia, quando muito, compará-la a um robô "pensante" de última geração; portanto, isto não passa de uma metáfora computacional. O que acontece em máquinas inteligentes entre *hardwarwe* e *software* não elucida o que torna os seres humanos capazes de terem consciência de si e do mundo. Em outras palavras, retomando o que já se disse antes a respeito do pensamento searleano, não se pode aceitar que as redes neurais

---

[6] Para informação mais precisa, cf. SANTAELLA, 2004, p. 16-176.

e processos bioquímicos do cérebro possam explicar o que se dá no nível dos processos superiores da mente.

Nessa perspectiva o grande interesse que a problemática da inteligência artificial e das máquinas pensantes encontrou na opinião pública e em meios acadêmicos poderia ser vista como um subproduto que a imaginativa *science fiction* norte-americana, massivamente divulgada pela grande mídia e o cinema, estaria semeando no imaginário de todos. Seria um mau passo se as Ciências Cognitivas e a Filosofia da Mente negligenciassem ou considerassem como secundário o aprofundamento das questões suscitadas pelo advento de hiper-robôs pensantes. A Ciência Cognitiva, incluída a Psicologia da Religião, não deve pensar que essa temática não passe de um imaginoso modismo hollywoodiano. Está em jogo entender o que significa experimentar em primeira pessoa o que e como nós humanos sentimos, pensamos e assumimos como "nosso".

Para fechar essa parte inicial da reflexão, é importante acentuar que essa discussão não tardou a chegar ao Brasil, merecendo a atenção competente de cientistas, filósofos, antropólogos, médicos, físicos e psicólogos nacionais.[7]

Parte II
Contextualizando melhor o problema em debate

1. Pode uma "inteligência artificial" (A.I.) substituir a mente humana?

A possibilidade de no futuro termos máquinas pensantes mais poderosas até que a mente humana foi muito debatida desde fins da II Guerra Mundial (1939-1945). Nos anos posteriores, especialmente após os anos 1960, essa discussão suscitou enorme interesse na

---

[7] Cf., entre outros, além do já citado Teixeira (1994, 1998, 2000, 2015), também Canal, 2010; Gouvêa, 2014; Petronio, 2014; Uzai e Coelho, 2013; Pereira, 2003; Morais, 2009; Paiva, 2007; Valle, 2011, 2013 etc. Consulte-se, além disso, na nota 1, a referência ao Grupo de Pesquisa do Milênio, que reuniu cientistas e pesquisadores de várias universidades e centros de pesquisa brasileiros (o site do projeto pode ser encontrado em: <http:/Lineu.cb.nfrn.br/psioevol índex.php>).

grande mídia, no cinema, na TV e, posteriormente, na internet. O debate girava em torno da possibilidade de computadores pensantes (como no filme *Uma odisseia no espaço: 2001*, de Stanley Kubrick) serem capazes de replicar autonomamente os processos superiores da mente (todos? alguns?). O que no início era uma discussão erudita circunscrita a um círculo restrito de cientistas de ponta, vazou para a opinião pública. Vice-versa, o interesse popular obrigou os cientistas e os filósofos a se confrontarem de maneira mais precisa com a problemática da mente humana: seria ela com seus outros fenômenos já mapeados pela Psicologia um produto direto do cérebro? Haveria espaço para algo que se poderia definir como sendo "anímico" ou "espiritual", no sentido de próprio da mente? Ou seria a mente apenas uma hospedeira biológica de processos fisiológicos percebidos pelos sujeitos como de natureza mental? Tais dilemas e controvérsias, filosoficamente falando, são em si já muito antigos. No século V a.C., por exemplo, o filósofo grego, Teodoro, o Ateu, proclamava em alto e bom som que os deuses já não existiam. O mesmo anúncio clamoroso continuou ressoando em alguns pensadores e cientistas contemporâneos, mesmo nos que não endossam plenamente uma modalidade mais formal de ateísmo ou agnosticismo. Só que, no caso de Dennett, a comprovação de suas teses não se vale dos argumentos levantados por ateus mais vizinhos ao nosso tempo como os de corte iluminista como D. Diderot (1713-1784) e J. d'Alembert (1717-1783), ou, no século XIX, por A. Conte (1798-1857) e K. Marx ((1819-1885), e, na primeira metade do século apenas findo, por ateus influentes como S. Freud (1856-1939), ou F. Nietzsche (1884-1900).

A fundamentação dos "novos" ateísmos se faz atualmente a partir das *hard sciences* e não de referências filosóficas ou criptorreligiosas como até pouco tempo atrás. Não é que as contribuições dos autores anteriormente elencados – ou as de L. Feuerbach, (1804-1872), J. P. Sartre (1905-1980) ou M. Heidegger (1989-1976) – não sejam pertinentes para os "neo" ateus. É que eles partem das

Ciências Naturais com ênfase nas Biológicas, realimentadas pelo neodarwinismo materialista e sustentada por filósofos da mente (PEREIRA, 2003) que conhecem pesquisadores da Etologia e da Paleontologia Antropológica (BOYER, 2001; ATRAN, 2002; MITHEN, 2002, e PINKER, 1998) e da Psicologia Evolucionária (cf. OTTA e YAMAMOTO, 2009; ADES, 2003; KIRKPATRICK, 2004; MASSIH, 2013; DE FRANCO apud GUERRIERO, 2014; VALLE, 2011; GUERRIERO, 2014).

2. A aproximação entre D. Dennett e R. Dawkins

Deram-se nos últimos decênios alguns desenvolvimentos e fatos relevantes que alteraram o estado da questão, sem, contudo, encontrar respostas que possam "resolver" pontos essenciais do debate, até talvez pelo fato de eles não terem uma "solução" nem filosófica, nem científica. A seguir, serão apresentados dois significativos desenvolvimentos da situação.

2.1. Uma parceria em defesa do ateísmo

Um fato que condicionou de modo muito direto essas e outras discussões análogas foi a aproximação que se deu entre D. Dennett (o filósofo) e Richard Dawkins (o biocientista). O prestígio de Dennett lhe advinha de sua atividade como pensador atualizado, enquanto Dawkins tornou-se conhecido e reconhecido no meio científico por sua atuação como pesquisador em Biologia. Dawkins, porém, tornou-se uma celebridade mundial graças ao papel que começou a exercer de arauto e profeta do ateísmo. Entre ele e Dennett deu-se, num dado instante, uma aproximação e uma aliança com relação à crítica às religiões e como defensores da tese da não cientificidade dos teísmos de qualquer tipo e, também, com respeito à necessidade de a comunidade científica se contrapor claramente às religiões, um mal necessário no passado mas a ser eliminado numa era de universalização dos conhecimentos. A repercussão de sua pregação do ateísmo, dentro e fora da academia, foi a razão pela qual o nosso grupo de pesquisa passou a acompanhar suas ideias e críticas às religiões, em especial às três grandes tradições abraâmicas: a judaica, a cristã e a islâmica. Passamos a tomar como um dos objetivos de nosso grupo (cf. DE FRANCO apud GUERRIERO, 2014, e VALLE, 2013) o de mapear, descrever e analisar criticamente os "novos" ateísmos patentes ou subjacentes em obras como *Deus, um delírio* (DAWKINS, 2007) ou *Consciência explanada* (DENNETT, 1991), nas quais o filósofo e o biólogo se unem para expor suas ideias cada vez mais embasadas na Biologia e nas Neurociências em geral, mas igualmente preocupados também com a sustentação filosófica e epistemológica de seus pontos de vista. Através, sobretudo, da leitura de Dennett, era inevitável que nos encontrássemos com John Searle, seu grande adversário no tocante a questões básicas da Filosofia da Mente.

Ao que tudo indica, foi em virtude de seu encontro pessoal mais direto que o filósofo D. Dennett e o biólogo R. Dawkins (cf. DENNET, 1998a) descobriram afinidades e complementaridades entre suas respectivas especializações acadêmicas. Só que Dawkins, àquela altura, já era um dos mais conhecidos militantes das teses que afirmavam o caráter científico do ateísmo. Também Dennett já havia demonstrado, bem mais cedo, com posicionamentos análogos, alguns até publicamente assumidos, como no caso de seu empenho público em favor dos *brights*.[8] O que eles tinham em comum era uma visão materialista e biológica da natureza, associada a uma tendência a criticar radicalmente os teísmos, em especial os de raízes judaico-cristãs que nos Estados Unidos se identificam bastante com correntes fundamentalistas, esquecendo-se de que esses representam apenas

---

[8] A expressão *brights* é recente. Foi criada para designar os que são ateus e laicos mas se distanciam conscientemente de polêmicas antirreligiosa. Dennett apoiou esse movimento seguramente porque sabia do razoável número dos que assumiam esse posicionamento.

uma parte limitada do espectro mais amplo de conceitos pertinentes à ideia da criação; ocultando a grande variação de criacionismos cristãos e dificultando a tarefa de estudar os vários criacionismos não cristãos que surgiram recentemente ao redor do mundo (ENGLER, 2011, p. 231).

Portanto, Dennett, tanto quanto Dawkins, também se firmara como um pensador competente que se havia blindado contra qualquer tipo de transcendência não natural. O quase pacto que eles firmaram entre si se consolidou quando eles deram início a uma cumplicidade explícita. Dennett, em virtude dessa parceria, sem abandonar o terreno da Filosofia, ampliou seu campo de reflexão e passou a dar crescente atenção a questões relativas à Biologia neoevolucionista, e aceitou de Dawkins o princípio de que os dados das Ciências Biológicas coagem qualquer pessoa informada sobre as Ciências Contemporâneas a negar a existência de Deus e a assumir a responsabilidade ética de se opor às religiões.

2.2. Algumas referências sobre o mútuo apoio

Pode-se perceber o quanto Dawkins apreciava essa parceria no prefácio de seu livro *Deus: um delírio* (2007, p. 11), onde salienta que Dennett já havia denunciado, em *Quebrando o encanto* (2006), que "um número desconcertantemente grande de intelectuais acreditava em crenças, embora não tivessem eles mesmos uma crença religiosa". Para Dawkins, tais intelectuais eram "crentes de segunda mão", expressão pejorativa que nas entrelinhas nos dá ao menos duas claras dicas sobre seus *a priori* como biólogo. Primeiro, a de que ele postula uma concordância de fundo entre suas afirmações de biólogo e as teses filosóficas de Dennett e, segundo, que a sua minuciosa argumentação em favor do ateísmo forte achava-se referendada por um dos mais destacados filósofos da mente da atualidade. Assim, os tais "fiéis de segunda mão" deviam se considerar duplamente questionados tanto desde a Ciência quanto desde a Filosofia.

Daniel Dennett, americano, nasceu em 1942. Estudou Filosofia na Universidade de Harvard, doutorando-se posteriormente em Oxford, universidade na qual também Dawkins fez seus estudos e foi professor de Biologia. Durante alguns anos, cada qual seguiu sua carreira em seus respectivos países, adquirindo renome como *scholars* no exato sentido nobre do termo. A quase cumplicidade hoje existente entre eles, ao que parece, só surgiu mais tarde. Michael Martin (2006) classificaria a ambos como "ateus fortes".

Jornalistas e formadores de opinião já os haviam associado a Sam Harris e Christopher Hitchens, membros do seleto grupo ao qual deram o nome de *Os Quatro Cavaleiros do Apocalipse*. Dentro desse quarteto, pode-se dizer que Dennett e Dawkins configuravam a "dupla dinâmica" intelectual que empurrava as teses do ateísmo nos Estados Unidos. O chão comum pisado por todos os quatro era o do materialismo agora academicamente endossado por esses dois eméritos conhecedores das Ciências Cognitivas e da Filosofia da Mente, respeitados por representantes de importantes tendências da Psicologia Contemporânea (cf. KIRKPATRICK, 2004; BLOCK, FLANAGAN e GÜDZELDERE, 1997; GAULIN e MC BURNEY, 2004). Como não podia deixar de ser, suas teses toparam com resistências e objeções. Na Filosofia da Mente, por exemplo, vale a pena consultar autores como Eccles e Popper, 1995, ou Chalmers, 1996; na Ciência da Religião, Gouvêa, 2014, De Franco apud Guerriero, 2014, e Massih, 2013; na Psicoantropologia, A. W. Geertz (2010) e J. Belzen (2010), que valorizam um aspecto ao qual Dawkins e Dennett (nem mesmo Searle) dão o devido apreço: a cultura. Com respeito à crítica diretamente dirigida a Dennet, Searle, indubitavelmente, é a voz mais significativa.

3. Atualizando os termos do debate

Como ficou dito, esse debate data dos anos 1950 e atingiu seu auge nos anos 1980. Depois, aos poucos, ele amornou, mas, ao mesmo tempo, se sofisticou, a ponto de ser difícil resumir em poucas páginas o que e como essa polêmica evoluiu nos últimos vinte anos. No Brasil precisamos, para isso, de guias seguros como as pesquisadoras Otta e Yamamoto, que organizaram o livro *Psicologia evolucionista* (2009), e como o filósofo da mente João de Fernandes Teixeira, professor da Universidade Federal de São Carlos, que culminou sua longa lista de trabalhos com o livro *O cérebro e o robô. Inteligência artificial, biotecnologia e a nova ética* (2015).

Segundo Teixeira, pode-se dizer que a interação homem-máquina se apresenta hoje como uma questão em aberto, ou melhor, como um desafio a ser enfrentado com responsabilidade, uma vez que nos grandes laboratórios de Biotecnologia, Tecnotrônica e Genética já começam a ser não só viabilizados como produzidos super-robôs. Ele define nos seguintes termos o desafio a ser enfrentado:

> (é) o de desenvolver um conceito da mente de sua relação com o cérebro que acomode a possibilidade de uma investigação científica interdisciplinar, uma investigação que concilie nossa própria descrição como cérebros e organismos com nossa descrição como pessoas dotadas de mentes. Não poderíamos resolver esse problema decretando unilateralmente o fim das ideias da mente ou sustentando que essa passará para a lista dos conceitos científicos obsoletos, da mesma maneira que o "flogisto" foi substituído pelo oxigênio (TEIXEIRA, 2015, p. 12).

Teixeira vai mais além. Para ele, o pensamento de John Searle, que havia sido aparentemente atropelado pelas teorizações de Dennett, mais tarde coadjuvado por Richard Dawkins, ganhou de novo atualidade, por exemplo, com o seu conceito de atribuição de significado, uma questão cujo "esclarecimento (...) só é possível a seres vivos mais evoluídos (...) mais especificamente, a seres conscientes" (2015, p. 27). E Teixeira continua em termos ainda mais assertivos:

> a questão do significado continua a ser um dos nós górdios da inteligência artificial. Enquanto esse nó não for desatado, a promessa de construir máquinas inteligentes não poderá ser cumprida. É nesse sentido que as objeções de Searle à inteligência artificial (e

expressamente a de Dennett, como veremos adiante) ainda continuam atuais (TEIXEIRA, 2015, p. 27).

A posição assumida por Teixeira não pode deixar de surpreender, especialmente porque vem de um conhecedor emérito da questão. E, mais ainda, pelo fato de as objeções de Dennett e outros ao famoso argumento do "quarto chinês", levantado por Searle em defesa de seus conceitos de "intencionalidade" e "consciência", não poder, segundo Teixeira, *ser considerado como superado*. E não só isso. O filósofo da Federal de São Carlos prossegue dizendo que até o presente momento nenhum filósofo da mente "conseguiu formular uma resposta definitiva ao argumento (do quarto chinês) de Searle" (TEIXEIRA, 2015, p. 28).

Posições como essa apontam para um novo e provocante panorama nas disputas travadas entre cientistas e filósofos "mentalistas" *versus* "materialistas". São conceitos e adjetivos talvez demasiado genéricos e imprecisos, mas com eles podemos distinguir melhor, na Filosofia da Mente, os que julgam cientificamente viável construir pontes entre as Ciências Cognitivas e a religião (cf. PETERS e BENNETT, 2003) dos que, como Dennett e Dawkins (cf. DAWKINS, p. 2007, p. 216-218), rejeitam *a priori* qualquer concessão aos que admitem algo que transcenda a materialidade fisiológica dos processos mentais. Para esses últimos, também experiências subjetivas *como* "nossas alegrias, tristezas, paixões e crises existenciais nada mais seriam do que pequenas tempestades elétricas ocorrendo em nossos cérebros" (TEIXEIRA, 2000, na contracapa). É fácil perceber que se trata de uma questão decisiva para o debate sobre os ateísmos contemporâneos, em especial os que se inspiram em pressupostos neoevolucionistas (cf. DENNETT, 1978) e fundamentam sua crítica aos teísmos nas ciências naturais, embora entrem em questões que pediriam um *approach* teórico-metodológico mais pluri e interdisciplinar (como o proposto na Ciência da Religião por PASSOS e USARSKI, 2013, p. 18; CRUZ, 2013, p. 125).

4. A concepção filosófico-científica de D. Dennett e de John Searle

O debate entre Dennett e Searle, como se viu, para ser compreendido, deve ser inserido no intrincado pano de fundo das Bios e Neurociências, bem como da Epistemologia da Ciência e da Semiótica. No caso de Searle, não se pode esquecer de que foi nessa última área que ele iniciou sua carreira de pensador (cf. SEARLE, 1969, 1979. Desnecessário sublinhar que, por sua natureza simbólica, os estudos da religiosidade humana têm muito a ver com as linguagens, rituais e símbolos culturalmente moldados em cada situação e época pelos grupos humanos que desde os primórdios da história foram criando as religiões. É de se perguntar se Dawkins e Dennett apreciam devidamente esse campo antropológico indispensável ao estudo científico das religiões, que no dizer de Silas Guerriero "se caracteriza pelo estudo do outro e do contato da alteridade (...) e se utiliza dessa disciplina como instrumento de compreensão de um dos componentes fundamentais da religião, sua conotação social e cultural" (GUERRIERO, 2013, p. 243).

4.1. O projeto filosófico-científico de Dennett

O projeto científico de Dennett almeja ter sua base exclusivamente em pesquisas científicas de cunho empírico-materialista. Os comportamentos humanos devem ser entendidos não desde deduções do que alguém julga sentir e perceber em "primeira pessoa" e, sim, e exclusivamente, em "terceira pessoa". Ele julga que as premissas filosóficas adotadas por Searle, ao contrário, por suporem uma individualidade, seriam apenas uma especulação sem aplicação suficiente no campo da verificação fundamental em pesquisas metodológica e teoricamente corretas.

No capítulo 5 de um livro famoso (*Consciousness explained*), Dennett (1991) descreve seu *draft model* epistemológico – e metodológico –, segundo o qual a consciência é um produto dos *inputs x ouputs* (sensações / percepções) que "entram" e "saem" do complexo sistema de redes neurais que estão sempre em permanentes "revisões editoriais". Decorre daí algo semelhante a uma corrente de narrativas sequenciais sujeitas a contínuas reedições através de processos distribuídos através do cérebro. Há, portanto, no fundo, uma elaboração contínua de dimensões da consciência que podem ser empiricamente sequenciadas pelo neurocientista (uma vez que são cerebralmente detectáveis). Os *qualia* de Searle e outros, ao contrário, seriam *per se* inacessíveis a uma verificação concreta, escapando dessa forma a uma verificação por parte do pesquisador, uma vez que só são acessíveis ao sujeito que sente, imagina e pensa, tomando deles alguma consciência. Esse modo de pensar o problema da relação cérebro-mente-consciência de Dennett (que ele recebeu de seu professor em Oxford, Gilbert Ryle, 1949) é assim comentado por ele, não sem certa ironia: "dessa forma eu estou pronto para sair do armário e me tornar algum tipo de verificador" (em inglês: "I am ready to come out of the closet as some art of verificacionist").

Quanto ao debate em curso na *Psicologia evolucionária* (cf. GAULIN e BURNEY, 2004; DE FRANCO apud GUERRIERO, 2014; MASSIH, 2013; DE FRANCO e PETRONIO, 2014, p. 311ss), a posição de Dennet é claramente em favor desse ponto de vista, cujo sentido seria o de favorecer a hipótese do ateísmo (cf. *Quebrando o encanto*, 2006). Mas Dennett faz três ressalvas que nos parecem importantes. A primeira: há que se manter uma distinção entre a percepção humana e a dos animais. Essa é uma condição necessária para que se possa postular uma *livre vontade* que seja compatível com a concepção naturalista do mundo. A segunda: para Dennett, a evolução é um processo *algoritmo* (isto é, é um procedimento sistemático análogo a um algoritmo matemático que opera sistemicamente *step by step*). Essa posição de Dennett o coloca na contramão do ponto de vista assumido pelo biólogo e paleontólogo Stephen Jay Gould (2002), para quem a evolução só é explicável através de muitos fatores, sendo o da seleção natural lançada por Darwin apenas um deles. Dennett, ao contrário, aposta tudo no processo de adaptação seletiva, aproximando-se assim de R. Dawkins. A terceira: no livro *Darwin's dangerous Idea*, Dennett (1998) toca expressamente na *questão da moral* como um resultante da evolução natural, aproximando-se mais uma vez do que também Dawkins defende (2011, p. 279-305).

4.2. A concepção filosófica de John Searle

Por ser o pensamento filosófico de Searle menos conhecido no Brasil, vamos nos deter um pouco mais sobre ele. Searle tinha já uma brilhante carreira docente quando teve início sua polêmica direta com Dennett. Suas primeiras publicações acadêmicas foram na área da Linguística, sobre "atos da fala" (1969), "filosofia da linguagem" (1969), e "expressão e sentido" (1979), para só mais tarde explicitar suas ideias sobre questões filosóficas como "intencionalidade" (1983) e questões relativas a cérebro e mente. Foi a partir desses e de semelhantes conceitos que ele passou a usar a expressão "Filosofia do espírito", sem atribuir a ela qualquer sentido religioso (SEARLE, 1983). A esse respeito escreve o filósofo alemão Andreas Kemmerling, um estudioso de Searle:

> Toda resposta à pergunta sobre qual o significado linguístico ou sobre como a linguagem se relaciona com o mundo tem que apontar para fenômenos espirituais como ser da opinião, compreender, intencionar e crer – e, portanto, para estados de espírito intencionais. A teoria da intencionalidade é o cerne construtivo na obra filosófica de Searle (KEMMERLING, 2006, p. 318).

Ao entrar em polêmica com Dennett, o caminho trilhado por Searle é bem distinto do percorrido pelo seu adversário. Os dois trafegavam por duas vias de colisão. Kemmerling é de parecer de que as concepções materialistas e funcionalistas de Dennett sobre a "mente" e o "espírito" são o verdadeiro pomo da discórdia entre os dois filósofos. Searle rejeita de antemão a possibilidade de que processos cognitivos e operações lógicas e de cálculo realizadas por computadores digitais avançados possam ser equiparados aos que são realizados pela mente humana. Contra Dennett, ele apresentou a controvertida analogia ou exemplo do quarto chinês".[9] Ele rejeita fortemente também a ideia de que as conexões neuronais do cérebro sejam meras conexões e informações computacionais. Para isso, elas deveriam – e esse é o cerne da objeção e argumentação de Searle – estar contidas no processo neuronal sob a forma de estruturas sintáticas; o que não se dá de modo algum, uma vez que nenhum fenômeno físico pode ter intrinsecamente uma estrutura sintática, pois "na esfera dos fenômenos físicos, sintaxe só existe (...) onde ela é incutida nos fenômenos; todas as características sintáticas e computacionais de fenômenos físicos são relativas ao observador" (KEMMERLING, p. 319).

Decorre daí a crítica de Searle ao modelo científico-cognitivo defendido e empregado por Dennett para analisar operações mentais que envolvem faculdades espirituais. O antes dito resume o essencial da crítica que Searle move ao método empírico defendido por Dennett como sendo o único válido para toda e qualquer "explicação" realmente científica – seja ela física, seja mental. Pode-se, assim, dizer que a posição searleana é diametralmente oposta à concepção materialista de Dennet e (*a fortiori*) à de Dawkins, com sua memética e seus genes egoístas (cf. DE FRANCO, 2014, p. 98-118).

A respeito do pensamento de Searle, parece-nos oportuno sublinhar que ele vê no papel das Neurociências um dos problemas-chave de sua polêmica com Dennett. Eis em suas próprias palavras o que ele pensa a tal respeito:

---

[9] Para entender essa analogia do "quarto chinês", veja-se a breve descrição de Teixeira (2015, p. 27s).

> nas ciências biológicas o problema mais fundamental reside no fato de há até pouco tempo muitos cientistas não olhavam como um tema adequado à investigação científica como exatamente os processos neurobiológicos do cérebro causam a consciência. A enorme quantidade de estímulos que nos atingem quando, por exemplo, tomamos um vinho, olhamos para o céu, sentimos o odor de uma rosa, ou escutamos um concerto – disparam sequências neurobiológicas de processos que causam eventualmente estados *subjetivos bem* ordenados, *coerentes, internos e* sencientes. Vem daí agora a pergunta sobre o que exatamente acontece entre esse assalto de estímulos aos nossos receptores e a experiência de consciência e como exatamente os processos intermediários causam esses estados conscientes? (SEARLE, 1995, p. 2).

A citação anterior demonstra que, além de dar o devido valor às Neurociências, Searle não é dualista em questões científicas. O que acontece é que ele, à diferença de Dennett, quer levar em conta dois outros aspectos: o de tomar em consideração o que ele julga próprio das percepções e sentimentos subjetivos e, além disso, também o aspecto voluntário das ações humanas, sem desvinculá-lo dos processos cerebrais que se dão no nível micro das sinapses, neurônios e células. Para ele todos esses processos *lower level* estão intimamente associados à nossa vida consciente. O problema é que ainda não temos nem a mais *foggiest Idea* de como tais processos "causam a consciência". A tal respeito ele diz que:

> muitos filósofos e também alguns cientistas julgam que essa relação não pode ser causal, pois uma relação causal entre cérebro e consciência lhes parece implicar algum tipo de dualismo entre cérebro e consciência, que eles não aceitam por outras razões (SEARLE, 1995, p. 2).

Relativamente aos fenômenos "espirituais", Searle (1983) os vê como elementos da realidade física e não como realidades sobrenaturais. Devem, em consequência, ser objeto da pesquisa das disciplinas científicas que estudam o físico e a matéria. Entram aqui as Biociências e, nesse campo, Dawkins é competente, sendo que a fundamentação neurobiológica adotada por ele e Dennett não pode ser rechaçada assim sem mais. A questão é outra: PODE um filósofo da mente saltar dessa base material para afirmações que escapam ao alcance de seus dados empíricos? O problema, quando se trata de fenômenos propriamente mentais, decorre do fato inegável de que os estados espirituais e conscientes, em contraste com os reduzíveis ao biológico, são um modo subjetivo: "sua existência é uma 'existência em primeira pessoa'" (cf. também BACKER, 1998 e METZINGER, 2003). Esse é um fato objetivo: os fenômenos e fatos mentais são vivenciados e têm significados que só são subjetivamente vivenciados e só detectáveis pelo sujeito. Para ser científica e respeitar a natureza de cada um desses distintos níveis de vivência, a Filosofia da Mente ao pesquisar os processos mentais superiores tem que respeitar a natureza mental própria de tais fenômenos.

A falha fundamental de filósofos materialistas reside no fato de eles ignorarem o verdadeiro cerne dos fenômenos "espirituais", razão pela qual transferem uma metodologia que se orienta pelos padrões da objetividade da Física e da Biologia para outros que pertencem a uma diferente esfera de natureza. São ordens distintas da realidade humana. Elas requerem por essa razão teorizações e metodologias que lhes façam justiça. O que é "espiritual" precisa ser analisado no plano tanto do consciente quanto no dos processos neuronais (e como tais inconscientes). Para uma análise da computação das informações que chegam à nossa consciência, numa leitura mais acurada, o cientista deve saber que existem duas ordens de experiência no cérebro: uma relativa aos fenômenos espirituais (que envolvem *a intencionalidade do sujeito*) e outra bioquímica e neuronal, cujos processos, para Searle, são "nus, cegos", embora intimamente conectados aos processos que lhe são superiores e possuidores de uma dinâmica própria, pelo fato de serem conscientemente experimentados ou experimentáveis, ainda que necessariamente dependentes de uma neurobiológica, e não por serem conscientemente subjacentes à consciência intencional.

4.3. Conceitos complementares de Searle: *Background* e "rede"

As veementes discussões que se dão no campo da Filosofia da Mente são, digamos, no bom sentido do termo, um "complicador" novo de uma questão que tem a ver com antigos temas psicológicos, tais como os de introspecção, percepção, memória e representação de si, os quais Searle dá sequência e atualiza com três noções novas: a de "intencionalidade", a de *Background* (com B maiúsculo) e a de "rede", conceitos que para ele podem ajudar a "explicar a relação entre a consciência e o significado". Além disso, ele considera "as capacidades, aptidões e o 'know-how' geral que possibilitam entender como esses dois estados mentais atuam e se correlacionam com a consciência" (Searle, 2006, p. 248). É nessa "rede" física, psíquica e cultural e contra esse *Background* ("fundo", em português) que se pode compreender melhor o que sejam o "livre-arbítrio" e a própria "intencionalidade", duas dimensões abrangentes que:

- mostram que os estados emocionais nem atuam de modo autônomo, nem determinam isoladamente as condições de uma dada tomada de consciência ou intenção;
- mostram que todo estado emocional requer para seu bom funcionamento uma rede de outros estados intencionais, pois as condições de satisfação subjetiva só se determinam quando relacionadas à rede;
- a rede não é suficiente; ela somente funciona se estiver conjugada a um conjunto de condições e capacidades do *Background*;
- essas capacidades não são nem podem ser tratadas como outros tantos estados intencionais ou como parte do conteúdo de qualquer estado emocional específico;
- o mesmo conteúdo intencional pode determinar diferentes condições de satisfação (como, por exemplo, condições de verdade) relativamente a diferentes *Backgrounds*, e relativamente a alguns certos *Backgrounds* não determinar absolutamente nada (cf. SEARLE, 2006, p. 250-252).

Ao menos desde os tempos do *cogito* cartesiano, toda essa problemática costumava ser abordada desde uma perspectiva dualista, na qual o físico e o mental, o corpo e a alma eram considerados separadamente pela *main stream* filosófica da época, na esteira de pressupostos vindos diretamente da Antropologia e da Teologia judaico-cristã. Em si, tanto Searle quanto Dennett rejeitam a perspectiva dualista que separa "corpo" e "alma" (principalmente se por alma se entende algo *sobre*natural). Ambos partilham uma visão "naturalista" da evolução, mas o fazem desde pressupostos bem distintos. Dennett caminha pela trilha do funcionalismo biológico, partindo de pressupostos nitidamente evolucionistas e materialistas, enquanto Searle se baseia mais em conceitos que envolvem, além disso, intuições filosóficas, linguísticas e fenomenológicas de raízes husserlianas (SEARLE, 1982).

Os dois, em outras palavras, encaram a consciência como sendo um fenômeno radicalmente pertencente ao mundo (e não como algo que depende de forças, mecanismos e processos externos ao mesmo). Searle introduz na discussão o conceito de *qualia* (um neologismo que lembra a teoria das *quanta* (da Física pós--newtoniana), mas com um sentido oposto (ou complementar?) ao usado na teoria quântica. Para Dennett, qualquer fenômeno natural (e a consciência é para ele um fenômeno absolutamente natural) deve ser explicado através da observação empírica dos *inputs* e estados discriminativos e reativos do organismo vivo em seu processo de adaptação aos estímulos do meio ambiente, agindo, portanto, como um conjunto. Nesse sentido, pode ser analogicamente equiparado a uma máquina virtual da qual a consciência seria uma espécie de *software* plugada em nosso cérebro (o *hardware*), que, datando dos primórdios da evolução e através de mecanismos biológicos de adaptação, chegou ao presente estado evolutivo da espécie humana.

5. A modo de indicações finais

Como concluir essa nossa reflexão? Não há como falar em conclusão; ela está ainda em aberto. No entanto, podemos fazer considerações que talvez nos possam ajudar a chegar a indicações quanto ao futuro dessa discussão. Serão duas as nossas fontes. A primeira tem como mentor João de Fernandes Teixeira, um pesquisador veterano e profundo conhecedor do desenrolar de toda a polêmica. A segunda foi levantada por dois jovens pesquisadores brasileiros, Clarissa de Franco e Rodrigo Petronio, que, contrapondo-se a R. Dawkins (e, em consequência, também a D. Dennett), se perguntam sobre a possibilidade "de se conceber o ateísmo sob um fundamento 'natural' similar aos utilizados pela teoria evolucionária nas últimas décadas para analisar as religiões".[10]

Relativamente ao debate entre Searle e Dennett, Teixeira apresenta uma sugestão que decorre de um acompanhamento detalhado dos embates teóricos que tiveram lugar após a polêmica Searle *versus* Dennett na *The New Yorh Book Review*. Ele faz uma interessante distinção entre dois paradigmas que se acham atualmente presentes, disputando "entre si o modo como os fenômenos mentais devem ser explicados". Para Teixeira, esses modelos de aproximação *se* assemelham a "dois trens que correm paralelamente em direção a um mesmo destino, mas em trilhos separados" (cf. TEIXEIRA, 2015, p. 131-132). Essa metáfora pode nos ajudar a compreender o que aproxima e o que separa os filósofos, neurocientistas e psicólogos evolucionários que estão retomando os mesmos itens (que diferenciavam Searle de Dennett quanto ao modo de conceber a "inteligência artificial" das máquinas), em relação aos processos mentais e espirituais da mente (dos humanos).

• O primeiro paradigma, que dominou o cenário até a passagem do século, é o ditado pelas Neurociência, a Biologia e a Genética. Ele continua sendo o que prevalece para a maioria dos cientistas

---

[10] DE FRANCO e PETRONIO (cf. apud GUERRIERO, 2014, p. 27 e p. 315ss).

e pesquisadores atuais da Psicologia Evolucionária ou Evolucionista (cf. OTTA e YAMAMOTO, 2012), neurocientistas (cf. BARKOW, COSMIDES e TOOBY (1992); BULBULIA et alii, 2008) e neuropsiquiatras que usam as neuroimagens para identificar as áreas perturbadas do cérebro, bem como para neuroquímicos que perscrutam os neurotransmissores e elementos bioquímicos, examinando-os desde o mais elementar de seus níveis: (o molecular), sem dar maiores atenções ao que *é mais do todo*. Nessa ótica tudo se passa como se o observador "fosse como um engenheiro diante de um dispositivo desconhecido" (no caso, o cérebro) "e que começasse a desmontá-lo para tentar verificar como ele funciona".

• O outro paradigma – que ganha espaço na virada do século e já no século XXI – apoia-se mais na Ciência da Computação e na bio*tecnologia* (sem excluir o muito que a Genética e as Biociências já detectaram). Sua meta, ao invés de um desmonte das funções do cérebro, é a de chegar a um conhecimento que nos permita potenciar ao máximo a máquina maravilhosa do cérebro, acelerando as capacidades que ele foi acumulando *naturalmente* ao longo de centenas de milhares de anos. O objetivo utópico desses cientistas é não só o de criar máquinas pensantes cada vez mais aperfeiçoadas, como, simultaneamente, chegar "à replicação da mente humana, que, se um dia for completa, levará à singularidade" (cf. TEIXEIRA, 2015).[11]

---

[11] O conceito de singularidade, segundo Teixeira, deriva da física. Ele é aplicado por Kurzweil em um sentido que tem a ver com a hipertecnologia, "a singularidade seria o momento no qual a inteligência das máquinas se igualará à humana". Uma vez chegado esse momento (que Kurzweil prevê para o ano de 2047), "máquinas tão inteligentes quanto os seres humanos poderão gerar outras, com mais inteligência e assim por diante. Serão essas máquinas que, no futuro, se encarregarão de escanear nosso cérebro para colocá-lo na internet, determinando para nós humanos a necessidade de conviver com variedades não biológicas que nos suplantarão" em termos de capacidade de raciocínio, memória e outras funções cognitivas" (TEIXEIRA, 2015, p. 23s). Os transumanistas, em sua maioria, tendem a ver essa nova situação como benéfica para ambas as partes. Alguns deles se perguntam: Terão elas consciência?; serão elas "espirituais"? (KURZWEIL, 2007); como avançar nessa direção respeitando a ética?

Dennett é um dos pensadores que, juntamente com Dawkins, assumiu mais decididamente o primeiro paradigma, justificando-o desde sua visão de filósofo. No tocante à Biologia, sua parceria com Dawkins deu-lhe maior segurança em seu empreendimento filosófico. Foi como filósofo que ele se contrapôs a Searle. Esse, de seu lado, não nega em si a validade de todo o pensamento de Dennett. O que o interessa é apontar para as incongruências e vazios teóricos do pragmatismo dennettiano, desde sua concepção filosófica e de teórico da linguagem. Essa a razão pela qual ele faz restrições que julga serem irrespondíveis quanto à possibilidade de a tecnologia chegar a criar máquinas digitais capazes de vivenciar estados mentais genuínos. Ele não se põe "contra a ideia de que a matéria possa gerar mente e consciência". Nisso, de acordo com Teixeira, "ele segue a linhagem aristotélica segundo a qual vida e consciência são indissociáveis" (TEIXEIRA, 2015, p. 140).

Salientamos, ainda, que Searle afirma expressamente que um cientista (biólogo ou físico) "mesmo sendo materialista (...) não precisa estudar o cérebro para estudar a mente" (cf. SEARLE, 2006, p. 68). Para ele, os processos mentais exigem um outro tipo de aproximação teórica e metodológica, uma vez que não há como negar a possibilidade de interferências e conexões entre o cérebro e os *chips* que a Medicina, graças à Nanotecnologia, já está implantando em cérebros humanos (cf. MINSKY, 1993; KURZWEIL, 2007; NICOLELIS, 2011). Nem por isso Searle deixaria de fazer sérias restrições a alguns conceitos divulgados pelo chamado transumanismo, como de "singularidade" (KURZWEIL, 2007, e TEIXEIRA, 2015), "espiritualidade" (KURZWEIL, 2007; SEARLE, 1995) e "transumano" (cf. TEIXEIRA, 2015, p. 22-24 e 111-131).

5.2. Caminhos para um ateísmo natural

Vejamos agora as dicas que De Franco e Petronio (2014) propõem como ponto nuclear de suas sugestões para o encaminhamento da polêmica suscitada por ocasião das disputas sobre a inteligência artificial. Os dois autores negam um pressuposto quase sempre presente em teóricos neodarwinianos que veem a religião como algo *conatural* ao psiquismo e o ateísmo, como contracultural, isto é, como resultante do progressivo advento da capacidade racional e explicativa da mente humana. A religiosidade seria fruto e teria características de espontaneidade e não reflexividade, ao passo que o ateísmo, ao contrário, só teria surgido de uma progressiva capacidade racional da mente humana. De Franco e Petronio são de parecer de que os estudos sobre o ateísmo no futuro próximo deveriam fazer uma revisão radical de tal pressuposto, que, as atuais, no fundo, instauram uma "falsa dicotomia", sustentada também por Dawkins (2011, p. 315) e reforçada[12] pela argumentação filosófica de Dennett. Nesse sentido, De Franco e Petronio afirmam que "é preciso desconstruir esse argumento" e mostrar que "dentro das premissas evolucionárias, podemos compreender o ateísmo como natural" (apud GUERRIERO, 2014, p. 17, 311).

Para dar peso a essa sua hipótese, eles se valem de argumentos tirados de três distintas fontes: uma é devida ao neurocientista S. Pinker (2013), que defende a existência de uma complementaridade cognitiva e antropológica entre herança e plasticidade. Essa tese

> é uma das melhores contribuições recentes para a superação do falso dilema que obsedou o século XX: a oposição entre epistemologias socioconstrutivas e pistemologias naturalistas, presentes sobretudo na esfera de atuação neodarwiniana. Essa oposição ainda marca o debate em torno do ateísmo de maneira ambígua. Dawkins (por exemplo) nega a naturalidade da religião (...) quando a explica por meio dos mecanismos meméticos, ou seja, como

---

[12] A linha do pensamento de Dawkins carrega em si uma certa ambiguidade devido aos "mecanismos miméticos de seleção" por ele adotados. "A memética faria parte dos caminhos naturais que nos levam a posições de fé ou não fé. E essa condição ambivalente da memética consistiria justamente em sua aptidão de naturalizar dados culturais, quando a estrutura lógica interna dos discursos pretende instaurar fundamentos naturalistas para o ateísmo; o ateísmo, em contrapartida, como atividade livre, conatural e reflexiva. Essa dificuldade de demarcação pragmaticamente eficaz dos concertos não se circunscreve apenas à mimética" (p. 317 c).

fruto de agentes replicadores culturais que se multiplicam e se cristalizam na mente humana. Por outro lado, Dawkins afirma a naturalidade da religião quando a coloca como uma predisposição inata, fruto da ilusão produzida por sua situação de subproduto evolucionário, não como fator adaptativo. Também afirma essa naturalidade por contraste ao ateísmo (que considera) "como uma atividade eminentemente contranatural, pois demanda mais atividade crítica e reflexiva, e uma racionalidade contraintuitiva" (PINKER, 2013, p. 312).

Esse problema conceitual de Dawkins (e de Dennett!), "na verdade, diz respeito a um problema central de sua argumentação: o problema da tautotologia", ao qual Wittgenstein dedicou

(...) parte de sua obra ao constatar que boa parte dos problemas filosóficos consistia em problemas de linguagem. Onde víamos dilemas filosóficos deveríamos ver questões mal formuladas. No fundo de todos os equívocos estaria a estrutura tautológica da linguagem, ou seja, seu caráter circular (p. 313).

Ao que tudo indica, no assunto que nos ocupou, essa pode ter sido uma das principais razões que levaram Searle (não nos esqueçamos: um especialista em Teoria da Linguagem!) a dissentir do reducionismo de Dennett e de Dawkins. Nesse sentido, "pode-se detectar aqui um problema da ordem da linguagem (...) um problema metateórico de quaisquer formas discursivas, mesmo no interior das ciências duras" (PINKER, 2013, p. 313).

Nessa perspectiva,

a deliberação racional seria apenas uma das rotas para a descrença, e não a única rota, como parece propor o ateísmo de Dawkins. Nesse sentido, o caminho ateísta também passa por processos cognitivos "naturais" e "condicionantes" do ponto de vista daqueles que acreditam que somente a racionalidade livre de predisposições é a verdadeira liberdade de pensamento. Se a religião é fruto de condicionamentos mentais, poderíamos propor que o ateísmo também o é (PINKER, 2013, p. 317).

Bibliografia consultada

ADES, César. *Um olhar evolucionista para a psicologia: novas direções no diálogo com outros campos do saber*. São Paulo: Casa do Psicólogo, 2003.

ATRAN, Scott. *In Gods We Trust: The Evolutionary Landscape of Religion*. New York: Oxford University Press, 2002.

BACKER, L. The first person Perspective. *Philosophical*. Quartely, Ano 35 (1998), p. 327-348.

BARKOW, J.; COSMIDES, J.; TOOBY, J. *The Adapted Mind: Evolutionary Psychology and the Generation of Culture*. New York, NY: Oxford University Press, 1992.

BARRET, J. The relative unnaturalness of Ateism. On why Geertz and Markunson are both a right and wrong. *Religion*, 40 (3), p. 169-172, 2010.

BLOCK, N.; FLANAGAN, O.; GÜDZELDERE (ed.). *The nature of consciousness*. Cambridge MA: The MIT University Press/Bradford Books, 1997.

BOYER, P. *The Evolutionary Origins of Religious Thought*. New York: Basic Book, 2001.

BULBULIA, J.; SOSIS, R.; HARRIS, E.; GENET, R.; GENET, C.; WYMAN, K. (ed.). *The Evolution of Religion: Studies, Theories and Critiques*. Santa Margarita, CA: Collins Foundation Press, 2008.

CAIXETA, Marcelo; CAIXETA, Leonardo. *Teoria da mente. Aspectos psicológicos, neurológicos, neuropsicológicos e psiquiátricos*. Campinas: Editora Átomo, 2005.

CANAL, R. *Sobre a Filosofia de John Searle*. (Dissertação de Mestrado, UNESP.) Marília: Programa de Pós-graduação em Filosofia da Mente, Epistemologia e Lógica, 2010.

CHALMERS, D. H. *The conscious mind*. Oxford: Oxford University Press, 1996.

CHURCHLAND, P. M. *Matter and Conciousness*. Cambridge MA: The MIT Press/Bradford Books, 1984.

CHURCHLAND, P. S. Neurophilosophy. *Towards a unified science of mind/brain Problem*. Cambridge MA: The MIT University Press/Bradford Books, 1986.
COELHO JUNIOR, N. E.; FIGUEIREDO, L. C. *Ética e técnica em psicanálise*. 2. ed. revista e ampliada. São Paulo: Editora Escuta. 2008.
CRICK, Franco. *The astonishing Hypothesis. The scientific search for the soul*. New York: Schribner, 1994.
CRUZ, Eduardo C. Ciências naturais, religião e teologia. In: PASSOS, João Décio; USARSKI, Frank (org.). *Compêndio de Ciência da Religião*. São Paulo: Paulinas/Paulus, 2013, p. 115-128.
DAMÁSIO, António R. *E o cérebro criou o homem*. São Paulo: Companhia das Letras, 2011.
_____. *O mistério da consciência*. São Paulo: Companhia das Letras, 2001.
DAWKINS, Richard. *Deus: um delírio*. São Paulo: Companhia das Letras, 2007 (13. reimpr.).
DE FRANCO, Clarissa; PETRONIO, Rodrigo (org.). *Crença e evidência*. São Leopoldo: Ed. Unisinos, 2014.
_____. Principais pressupostos da psicologia evolucionária para o estudo da religião. In: DE FRANCO, Clarissa; PETRONIO, Rodrigo (org.). *Crença e evidência*. São Leopoldo: Ed. Unisinos, 2014a, p. 79-90.
DENNETT, D. C. *Content and Consciousness*. London/New York: Routledge & Kegan Paul/Humanities Press, 1969.
_____. Brainstorms. *Phylosophical Essays on Mind and Psychology*. Cambridge MA: MIT Press, 1978.
_____. *Consciousness Explained*. Boston: Little, Brown and Co., 1991.
_____. *Darwin's Dangerous Idea: Evolution and the Meanings of Life*. New York, NY: Simon & Schuster, 1998.
_____. *Brainchildren: essays on designing minds*. Cambridge, MA: MIT Press, 1998a.
_____. *Quebrando o encanto. A religião como fenômeno natural*. Rio de Janeiro: Globo, 2006.

DINIS, Alfredo. A ciência e a experiência religiosa. In: SUMARES, Manuel et alii. *Religiosidade. O seu carácter irreprimível. Perspectivas contemporâneas*. Braga: Publicações da Faculdade de Filosofia, 2010, p. 15-30.

DREXLER, E. Engines of Creation. The Coming Era of Nanotechnology. Anchor Books: New York, 1987.

ECCLES, J. C. *Cérebro, consciência: o cérebro e o self*. Lisboa: Instituto Piaget, 2000.

_____; POPPER, Karl. *O eu e o cérebro*. São Paulo: Papirus, 1995.

EDELMAN, G. M. *The Remenbered Present. A biological Theory of Consciousness*. New York: Basic Books, 1989.

ENGLER, Steven. O criacionismo. In: CRUZ, Eduardo R. da (org.). *Teologia e ciências naturais: teologia da criação, ciências e tecnologia em diálogo*. 1. ed. São Paulo: Paulinas, 2011, p. 231-255.

FLANAGAN, O. *Consciousness reconsidered*. Cambridge, MA: MIT Press, 1992.

GANASCIA, J. G. *As Ciências Cognitivas*. Lisboa: Biblioteca Básica de Ciência e Cutura/Instituto Piaget, s.d.

GAULIN, Steven J. C.; MC BURNEY, Donald H. *Evolutionary Psychology*. 2. ed. New Jersey: Upper Saddle River, 2004.

GEERTZ, A. W. Brain, Body and Culture: a biocultural Theory of Religion. *Method and Theory in the Study of Religion*, v. 22, n. 4, p. 304-321, 2010.

GOULD, Stephen J. *Pilares do tempo. Ciência e religião na plenitude da vida*. Rio de Janeiro: Rocco, 2002.

GOUVÊA, Ricardo Quadros. A religião sob a perspectiva do funcionamento do cérebro e da evolução da mente. Uma introdução crítica à interface entre neurociências e religião e às ciências cognitivas da religião. In: DE FRANCO; PETRONIO. *Crença e evidência*. São Leopoldo: Ed. Unisinos, 2014, p. 91-116.

GUERRIERO, Silas. Antropologia da Religião. In: PASSOS, João Décio; USARSKI, Frank (org.). *Compêndio de Ciência da Religião*. Paulinas/Paulus: São Paulo, 2013, p. 243.

_____. Religião e evolução na ciência do *Anthropos*: resistência e avanços. In: DE FRANCO, C.; PETRONIO, R. *Crença e evidência*, São Leopoldo: Ed. Unisinos, 2014, p. 213-229.

HEIL, J. *Philosophy of Mind: A Contemporary introduction*. Routledge: London, 1998.

IORI, Nicole. *As neurociências cognitivas*: Lisboa: Instituto Piaget, 2009.

KEMMERLING, Andreas. John Searle: Intencionalidade. In: HENNINGFELD, Jochem; JANSOHN, Heins (org.). *Filósofos da atualidade*. São Leopoldo: Editora Unisinos, 2006. p. 318-342.

KIRKPATRICK, L. A. *Attachment, evolution, and the Psychology of Religion*. New York: Kindle Edition, 2004.

KURZWEIL. *A era das máquinas espirituais*. New York: Aleph, 2007.

MARTIN, Michael (ed.). *The Cambridge Companion to Atheism*. Cambridge: Cambridge University Press, 2006.

MASSIH, Eliana. Psicologia evolucionária e religião. In: PASSOS, João Décio; USARSKI, Frank (org.). *Compêndio de Ciência da Religião*. São Paulo: Paulinas/Paulus, 2013, p. 383-398.

METZINGER, Thomas. *Being one. The self-model of subjectivity*. Cambridge MA: MIT Press, 2003.

MINSKY, M. *The Turing Option*. Winnipeg: Gateway, 1993.

MITHEN, S. J. *A pré-história da mente: uma busca das origens da arte, da religião e da ciência*. São Paulo: UNESP, 2002.

MORAIS, Alexander Almeida. A teoria dos estados mentais de John R. Searle e suas críticas a Daniel Dennett. *Revista de Ciências Humanas*, Unitau, v. 2, n. 2, 2009.

NICOLELIS, M. *Muito além de nossos eus*. São Paulo: Companhia das Letras, 2011.

OTTA, Emma; YAMAMOTO, M. Emília (org.). *Psicologia evolucionista*. Rio de Janeiro: Guanabara-Koogan, 2009.

PAIVA, Geraldo J. de. Psicologia cognitiva e religião. *REVER, Revista de Estudos da Religião*, Ano 7, n. 3, p. 183-191, 2007.

_____. Contraintuição e emoção na adesão religiosa: uma contribuição da Psicologia Cognitiva à Psicologia Social da Religião. In: DE FRANCO, Clarissa; PETRONIO, Rodrigo. *Crença e evidência*. São Leopoldo: Ed. Unisinos 2014, p. 117-126.

PEREIRA, Jr. A. *Uma abordagem naturalista da consciência humana.* São Paulo: Trans/Form/Ação, 2003.

PETERS, Ted; BENNETT, Gaymon (org.). *Construindo pontes entre a ciência e a religião.* São Paulo: UNESP/Loyola, 2003.

PETRONIO, Rodrigo. O real e seu duplo. Conflitos e convergências entre ateísmo e religião no debate contemporâneo. In: DE FRANCO, Clarissa; PETRONIO, Rodrigo (org.). *Crença e evidência.* São Leopoldo: Ed. Unisinos, 2014, p. 165-186.

PINKER, Steven. *Como a mente funciona.* São Paulo: Companhia das Letras, 1998.

_____. *Tábula rasa: a negação contemporânea da natureza humana.* São Paulo: Companhia das Letras, 2004.

QUEIROZ, José J. Deus e a espiritualidade sob olhares científicos pós--modernos: limites e possibilidades da nova Biologia, da Genética e da Neurociência no Campo da(s) Ciência(s) da Religião. In: SUMARES, Manuel et alii. *Religiosidade. O seu carácter irreprimível. Perspectivas contemporâneas.* Braga: Publicações da Faculdade de Filosofia, 2010, p. 15-30.

RICHARD, J. W. *Are we spiritual machines?* Seattle: Discovery Int, 2002.

RYLE, Gilbert. *The Concept of Mind.* New York: Barne and Noble, 1949.

SANDERSON, Stephen K. In: BULBULIA et alii (ed.). *The Evolution of Religion: Studies, Theories and Critiques.* Santa Margarita, CA: Collins Foundation Press, 2008, p. 67-72.

SCHJODT, Uffe. Evolutionary Psychology, Neuroscience and tge Study of Religion, In: BULBULIA et alii. (ed.). *The Evolution of Religion: Studies, Theories and Critiques.* Santa Margarita, CA: Collins Foundation Press, 2008, p. 103-310.

SEARLE, J. *Speech Acts. An Essay in the Philosophy of Language.* Cambridge University Press, Cambridge, 1969.

_____. *Expression and Meaning.* Cambridge: Cambridge University Press, 1979.

_____. What is an intentional state? In: DREYFUSS, H. *Husserl, intentionality and cognitive science*. Cambridge MA: The MITPress, 1982.

_____. *Intentionality, An Essay in the Philosophy of Mind*. Cambridge: Cambridge University Press, 1983.

_____. The Mystery of Consciousness. *The New York Review of Book*, p. 2, 1995, November 2.

_____. *A redescoberta da mente*. São Paulo: Martins Fontes, 2006.

TEIXEIRA, João de Fernandes. *O que é filosofia da mente*. Brasiliense: São Paulo, 1994.

_____. *Mentes e máquinas. Uma introdução à ciência cognitiva*. Porto Alegre: Artmed, 1998.

_____. *Mente, cérebro, cognição*. 3. ed. Vozes: Petrópolis, 2000.

UZAI, Paulo; COELHO, Jonas Gonçalves. Subjetividade e intencionalidade: Searle crítico de Dennett. *Revista UNESP*, v. 6, n. 1, 2013.

VALLE, E. Neurociências e religião. *REVER. Revista de Estudos da Religião,* Ano 3 (2001), n. 3, p. 1-46.

_____. Ciências Cognitivas, Filosofia da Mente e fenomenologia. In: CRUZ, Eduardo R. da; DE MORI, Geraldo (org.). *Teologia e Ciências da Religião. A caminho de maioridade acadêmica no Brasil*. São Paulo/Minas Gerais: Anptecre/PUC de Minas/Paulinas, 2011, p. 143-174.

_____. Neuropsicologia e Psicologia da Religião: interfaces, desafios e perspectivas. In: FREITAS, M. Helena; PAIVA, Geraldo José de; MORAES, Célia de (org.). *Psicologia da Religião no mundo ocidental contemporâneo. Desafios da Interdisciplinaridade*. Brasília: Editora Universa, 2013, p. 93-106.

VYGOTSKY, Lev. *Teoria e método em Psicologia*. São Paulo: Livraria Martins Fontes, 2000.

WILSON, Edward. *Sociobiology. The new Synthesis*. Cambridge MA: Harvard University Press. 1996.

CAPÍTULO IV

UM DEBATE PIONEIRO QUE NÃO PODE SER ESQUECIDO
SIGMUND FREUD *VERSUS* OSKAR PFISTER NUMA PERSPECTIVA NEUROCIENTÍFICA

Beatriz Ferrara Carunchio

Introdução

O debate acerca da mente e do cérebro é antigo. No mundo grego já se discutia de onde vem essa capacidade humana de interpretar a realidade, conceituar e categorizar o mundo em que vivemos, sentir emoções e lidar com elas de forma diferente do instinto, de planejar, crer e ter esperança. Nesse debate, os envolvidos trouxeram ideias do campo científico, filosófico e teológico, numa tentativa de explicar a consciência e a necessidade humana de atribuir ao mundo e à sua existência um sentido maior, que transcenda a frieza do aqui e agora. No processo, foram criados modos de vida, teorias, sistemas religiosos, visões de mundo. Seria tudo isso fruto de uma fagulha divina inerente ao ser humano? Ou, como mais adiante na história se passou a questionar, seria tudo uma ilusão?

1. O contexto do debate

Sem dúvida, com o estudo do cérebro e das neurociências, o debate ganha corpo e se torna ainda mais instigante. Fiori (2009) nos relata com maiores detalhes as diversas ideias sobre o tema que surgiram e ganharam força ao longo da história, indo desde a crença típica da Antiguidade de que o coração seria a sede da alma (e, portanto, junto com a alma, abrigaria também o pensamento, os sentimentos e os desejos – aquilo que nos torna humanos), passando por Alcméon de Crotone, médico do século VI a.c., que foi o primeiro a sugerir que está no cérebro aquilo que nos governa. A seguir, vêm os primeiros estudos de anatomia, com a teoria dos humores de Galeno,[1] sem maiores avanços até o Renascimento, quando se voltou a estudar anatomia e a fazer esboços detalhados do corpo e do sistema nervoso, e chega ao século XVIII, quando finalmente Descartes questiona a teoria de Galeno, vigente até então.

Descartes (1596-1650) dá novos ares ao debate, ao evidenciar o dualismo entre a alma e o corpo ou, em linguagem mais contemporânea, mente e cérebro. Ele defende que a psique seja algo do espírito, e não do corpo. O cérebro é, nessa visão, um simples aparato

---

[1] A teoria dos humores, formulada inicialmente por Hipócrates (século VI a.c.) e revitalizada pelo médico romano Galeno (século II d.c.), foi a base das teorias médicas entre o século VI a.c. e o século XVII, ou seja, por mais de dois mil anos. Nesse paradigma, nosso equilíbrio vital entre saúde e doença seria mantido pelo equilíbrio de quatro fluídos corporais (os ditos "humores"), cada um deles produzidos num determinado órgão do corpo e com certas características. Assim, temos: o sangue, relacionado ao coração, que traz as características quente e úmido; a fleuma, relacionada ao sistema respiratório, que seria fria e úmida; a bílis amarela, ligada ao fígado, que seria quente e seca; e por fim a bílis negra, vinda do baço, que era fria e seca. A predominância de um dos humores determinaria alguns fatores psicológicos, bem como maior tendência a certos problemas de saúde. Assim, quando predominasse o sangue, teríamos uma pessoa do tipo sanguíneo; no caso da fleuma, temos o sujeito fleumático; se a bílis amarela predomina, a pessoa seria colérica; e no caso da bílis negra, o melancólico. Os problemas de saúde surgiriam quando esses humores entrassem em desarmonia, o que ocorreria devido a fatores externos, como alimentação, excesso de calor, frio, umidade etc.; ou mesmo internos, como certas emoções.

corporal, que recebe as ordens do espírito e as traduz para o corpo. Não se pode deixar de observar que, apesar dos inúmeros avanços que as neurociências tiveram nas últimas décadas, o debate permanece atual.

Na mesma época, o médico De la Mettrie (1709-1751) abandona por completo a noção de alma e postula o corpo como uma máquina, cujo operador seria o cérebro. A partir daí, ocorre uma grande cisão nos estudos médicos, o foco já não é a alma, de onde ela vem ou como ela se comunica com o corpo, e sim o corpo em si, o organismo. Seguindo essa nova corrente de estudos médicos, cada aspecto do ser humano, incluindo a capacidade de desejar e de sonhar, de afeiçoar-se a alguém, e até de crer numa realidade transcendente, seria obra de algum mecanismo do nosso corpo e de seu complexo e misterioso operador: o cérebro.

Seguindo esse ponto de vista, surgem, no século XIX, os estudos localizacionistas, que buscavam desvendar quais áreas cerebrais seriam responsáveis por cada função nervosa. Também nesse momento, Charles Darwin (1809-1882) formula sua teoria da evolução das espécies, que abarca inclusive a evolução do cérebro humano e, por conseguinte, dos nossos modos de vida e de compreensão.

Nessa época, a noção de alma saiu definitivamente do campo científico. Cruz (2013) aponta que no século XIX surgiu a ideia de conflito entre Ciência e religião. Surgiu também a noção de diálogo entre ambas, mas, com o passar do tempo, o que ficou gravado na memória da maioria foi o conflito, tendo a Ciência como grande vencedora. A visão de uma relação conflitiva entre Ciência e religião já havia começado a se estabelecer no século XVIII, com a oposição entre "Idade das Trevas" e "Idade das Luzes". Com isso, o que permaneceu foi a noção de Ciência e religião como áreas completamente divergentes, que não poderiam dialogar ou coexistir sem que isso gerasse algum tipo de conflito ou ao menos um desconforto, seja na mente dos pensadores, seja na realidade externa.

Freud, a psicanálise e a "ilusão"

Nesse cenário científico, surge Sigmund Freud (1856-1939) e a psicanálise. Freud nasceu numa família judaica. Na Europa Oriental do início da vida de Freud, as pequenas comunidades judaicas viviam certo isolamento social, destaca Rizzuto (2001). Devido a restrições civis, os judeus eram impedidos de ter certas profissões ou cargos. Viviam, com frequência, na pobreza, cercados pela hostilidade dos vizinhos não judeus. Além disso, alguns costumes, crenças e práticas, como seguir uma dieta alimentar bastante rígida, os 613 mandamentos (*mitsvos*), a observância do *shabat* e o uso do hebraico como idioma religioso, dificultavam ainda mais a integração com a vizinhança cristã.

O pai de Freud era um judeu ortodoxo, mas abandonou a ortodoxia ao casar-se com sua terceira esposa, que viria a ser mãe de Freud. Mas ele, Freud, não cresceu num ambiente completamente judaico. Teve uma babá católica, que o levava para igrejas e missas, deixando o menino curioso sobre o "Deus todo-poderoso" ao qual a comunidade católica se referia. Curiosamente, ele chegou a declarar, por volta dos 70 anos, que fora criado sem religião, mas sempre com respeito às exigências éticas para com o ser humano. A relação com seu pai o marcou de forma profunda, influenciando toda a sua obra, inclusive em sua postura quanto à religião. Freud nutria um sentimento de frustração em relação a seu pai desde muito jovem. Rizzuto (2001) pontua que "seu pai não era um modelo, nem como provedor, nem como homem capaz de se defender" (p. 75). De fato, desde muito pequeno o próprio pai de Freud o colocava no papel de líder da família, decidindo e orientando os estudos e atividades das irmãs e até escolhendo o nome do irmão, nascido quando Freud tinha 10 anos de idade. Mais tarde, aos 25, ele já havia assumido as responsabilidades financeiras por toda a família. O pai o via como alguém muito inteligente e, mesmo quando Freud era apenas uma criança, era comum que a família se aconselhasse com ele. Ainda assim, o pai exigia de Freud a postura respeitosa de nunca o contradizer.

Freud graduou-se em Medicina pela Universidade de Viena em 1881, especializando-se em Neurologia. Andrade (2008) conta que a psicanálise começa a surgir em 1880-1882, quando Breuer, então colega e mentor de Freud, atende o famoso caso clínico de Anna O., com um novo método, apelidado pela paciente de "cura pela palavra". Anos depois, em 1889, Freud aplicava o método de Breuer, percebendo que era mais eficaz no tratamento da histeria do que a hipnose usada por médicos renomados, como Charcot. O início da psicanálise teve grande influência do pensamento neurológico da época, como se percebe na obra *Estudos sobre a histeria*, publicada por Breuer e Freud em 1895. Nessa obra estão as bases do método psicanalítico.

De acordo com Andrade (2008), a meta inicial de Freud com a psicanálise era criar uma psicologia para neurologistas, apresentando um esboço da mente normal e da patológica a partir do funcionamento cerebral. Ele chegou a escrever um *Projeto de psicologia para neurologistas*, que foi publicado apenas após sua morte. O projeto sobreviveu graças à troca de correspondências entre Freud e seu amigo, também médico, Fliess, que entregou os manuscritos aos cuidados da princesa Marie Bonaparte e que, por sua vez, devolveu-os à Anna Freud ao fim da II Guerra Mundial. O material foi publicado apenas em 1950, sob o título *Projeto para uma psicologia científica*. Na obra, tal como em *Sobre a afasia* (1891), Freud se posiciona como um neurologista que investiga a mente saudável, pois tinha como postulado que as patologias só seriam bem compreendidas ante um panorama sólido da normalidade. Sem entender bem o projeto, a compreensão da Psicanálise será parcial, e vice-versa.

Andrade (2008) aponta que Freud tinha uma visão materialista e mecanicista da psique, muito semelhante aos neurologistas contemporâneos. Assim, para ele a mente seria um sistema de neurônios expostos à excitação provocada por estímulos externos e internos ao organismo. A mente saudável teria por objetivo esgotar essa excitação, ou pelo menos diminuí-la tanto quanto possível.

Com isso em mente, Freud concluiu que existiriam três tipos de neurônios: o permeável, que deixa a excitação passar e, portanto, permite o processo de percepção; o impermeável, que retém a excitação e, assim, cria as memórias; e, por fim, um tipo de neurônio responsável por trazer as percepções à consciência. Nesse sistema, a dinâmica psíquica é dada pela interação entre os tipos de neurônio durante o gerenciamento das excitações/estímulos. Com isso, a passagem da excitação pode fluir ou encontrar certas resistências e mesmo bloqueios, o que para Freud seria a origem das patologias.

Sobre o assunto das patologias e sua relação com a saúde e a normalidade, tema crucial para que se compreenda bem a postura de Freud quanto à religião e a comparação dessa a uma ilusão, recorremos ao texto clássico de Canguilhem (2002), *O normal e o patológico*. A doença não é uma falha. Nas palavras do autor:

> A doença não é somente desequilíbrio ou desarmonia; ela é também, e talvez sobretudo, o esforço que exerce no homem para obter um novo equilíbrio. A doença é uma reação generalizada com intenção de cura. O organismo fabrica uma doença para curar a si próprio (CANGUILHEM, 2002, p. 20-21).

Com isso, podemos pensar que conceitos como a normalidade ou a saúde são relativos, e só ganham sentido perante um referencial. O sentido atribuído à saúde e à doença, ao normal ou ao patológico, são, portanto, construídos. O próprio estado patológico pode ser algo normal, na medida em que é normal na vida de qualquer pessoa passar por algumas fases de adoecimento físico ou psíquico ao longo do ciclo de vida. Assim, continua Canguilhem (2002), "o limite entre o normal e o patológico torna-se impreciso" (p. 145). Conceitos como o de normalidade ou de patologia são dinâmicos e, em muitos casos, polêmicos.

Essa reflexão ajudará a compreender bem aquilo que Freud entende por neurose e mesmo por ilusão, como veremos mais à frente. Tais conceitos não envolvem apenas uma noção estanque de normalidade ou doença, assim como não há um sentido pejorativo nos termos.

Voltando ao pensamento de Freud, é fundamental ter em mente, como destaca Ribeiro (2010), que ele criou teorias coerentes, mas que, com a tecnologia médica disponível na época, só poderiam ser comprovadas através da própria Psicanálise. Com isso, ele modificou suas teorias iniciais diversas vezes, transformando a clínica num "laboratório" onde novas ideias poderiam surgir, sendo confirmadas ou não. Freud nunca colocou a Psicanálise como uma ciência fechada e terminada, ao contrário, precisava ser aplicada, desenvolvida e reformulada conforme novos conhecimentos permitissem. Também não postulou uma ideia rígida de normalidade ou de patologia.

Assim, ele parte de uma visão cientificista e positivista, dominante naquele momento histórico, e define como "ilusão" os fenômenos religiosos. Entretanto, como já apontamos e agora reforçamos, isso não significa que a experiência religiosa seja deixada de lado completamente, taxada como algo falso, nem mesmo como algo mentiroso ou vazio. Ao contrário, Amatuzzi (1997) aponta que Freud interpreta as experiências e fenômenos religiosos como: "(...) exigências afetivas, surgidas na psique humana como projeção da experiência infantil; a ideia de Deus sendo o resultado da combinação entre a imagem do pai e a exigência de proteção contra a força esmagadora da natureza" (AMATUZZI, 1997, p. 49).

Dessa forma, na visão de Freud, expressa na obra *O futuro de uma ilusão*, Ciência e religião seriam domínios opostos, pois, enquanto a Ciência busca apoiar-se na razão, a religião procuraria sustentar a "ilusão" e, com ela, nossas necessidades afetivas. Aquilo que é racional e científico, pode ser comprovado e visto como verdadeiro por todos, como as leis da Física, ou um estudo acerca de doenças cardiovasculares, por exemplo. Já aquilo que é da ordem da ilusão, e que passa pelo campo emocional, pelo contexto histórico e social, pode ser verdadeiro para uma pessoa, para uma comunidade ou mesmo para uma grande população, mas não tem como ser comprovado racionalmente, nem tem esse objetivo, pois é algo ligado ao sentir e ao acreditar.

No *Projeto de psicologia para neurologistas*, Freud demonstra uma linha de pensamento muito semelhante à dos neurocientistas contemporâneos. Para ele, como já mencionamos, a mente era formada por um complexo sistema de neurônios que estariam expostos a uma série de estímulos vindos do mundo exterior e também do interior do organismo. Assim, a mente equilibrada[2] é aquela capaz de esgotar essa excitação ou diminuí-la tanto quanto possível. Portanto, fatores como a "ilusão" (no sentido freudiano), seja essa ilusão a experiência religiosa ou qualquer outra experiência, pensamento ou sentimento que dê sustento afetivo ao sujeito, podem cumprir um papel importante na elaboração de muitos desses estímulos. Não é raro observar na clínica psicológica o caso de pacientes cuja experiência religiosa cumpre um papel crucial ao facilitar que o sujeito lide com situações desafiadoras que por ventura esteja atravessando, como lutos complicados, doenças graves ou conflitos familiares.

Entretanto, Freud não publicou o projeto. Ao invés disso, adaptou essas ideias e as publicou em sua obra *A interpretação dos sonhos* (1900). Com isso, as mesmas hipóteses foram redigidas em linguagem psicanalítica. Isso assegurou um lugar para a psicanálise e, ao mesmo tempo, fez com que o público-alvo de suas teorias se modificasse, expandindo suas ideias para além da Neurologia e da área médica. Médicos, intelectuais, artistas e mesmo religiosos passaram a ter contato com as teorias de Freud. Entre eles, um pastor protestante chamado Oskar Pfister, que travou um interessante diálogo com o criador da Psicanálise.

---

[2] Normal, na visão de Canguilhem anteriormente exposta, bem adaptada às demandas da realidade.

Oskar Pfister em debate com Freud: qual o lugar da ilusão?

Oskar Pfister (1873-1956) nasceu na Suíça, numa família luterana. Em seus anos de universidade, ele estudou Teologia, Filosofia e Psicologia, sendo considerado um dos pioneiros da Psicologia suíça moderna, especialmente pensando em temas como a fé e a educação. Ele atuou como pastor protestante em Zurique e, ao ler sobre psicanálise, percebeu que seria uma boa teoria e método para ajudar nas questões emocionais trazidas pelos fiéis em sua igreja. Seu primeiro contato com as teorias de Freud se deu em 1908, durante suas pesquisas que culminaram no artigo "Os pecados de omissão da Teologia contemporânea para com a Psicologia".

Ajudar as pessoas angustiadas que o procuravam enquanto pastor era, para Pfister, uma empreitada de grande importância. Ele descobriu na psicanálise uma valiosa contribuição. Assim, passou a se corresponder regularmente com Freud e tornou-se psicanalista. Logo se tornou amigo pessoal de Freud, um dos poucos com quem o criador da Psicanálise se corresponderia até o final de sua vida.

A correspondência entre eles, um conjunto de cartas trocadas entre 1909 e 1939, foi publicada, mas infelizmente não está completa. Algumas cartas se perderam, outras foram destruídas pelos próprios autores, e outras não foram publicadas a pedido dos familiares, por mencionarem detalhes pessoais de outras pessoas. Entretanto, as cartas que estão publicadas nos dão uma ótima perspectiva do diálogo maduro e respeitoso que se seguiu entre Freud e Pfister acerca da Psicanálise, do papel da religião na psique, e mesmo sobre temas de suas vidas pessoais, familiares, projetos etc.

As cartas entre Freud e Pfister mostram a profunda amizade que havia entre eles, como se pode perceber na tradução de Wondracek e Junge (1998). Eles trocavam textos e manuscritos, confidências, visitas e presentes. Fica claro, como apontam os tradutores, que aquilo que os unia era a busca por compreender o ser humano, cada um deles partindo de seu ponto de vista, seja como médico, seja como pastor. Freud chegou a colocar as divergências que existiam entre eles não como um embate entre a visão científica e ateia do psicanalista e o olhar religioso do pastor, e, sim, nas palavras do próprio Freud, como uma "útil variação" (3ª carta de 1909, p. 28).

É fundamental pontuar que essas divergências de opinião, ou melhor, de pontos de vista, tiveram um grande impacto sobre os avanços da Psicanálise, na medida em que permitiram o diálogo e a reflexão a respeito de temas como a relação entre a Psicanálise e a religião; a análise de crianças, adolescentes e pacientes doentes (no sentido clínico); e mesmo a "cura analítica de almas", para usar as palavras de Pfister. A "útil variação" de pontos de vista permitiu ainda discussões técnicas, de pontos básicos da psicanálise, mas que sempre precisam ser discutidos e compreendidos mais a fundo, tais como o manejo da transferência, a interpretação de sonhos e a relação entre o psicanalista e seu paciente. Indo além, essa divergência trouxe à tona pontos ainda mais técnicos e específicos, por exemplo, sobre como dever-se-ia dar a formação do analista e a forma de produção dos textos técnicos.

O maior exemplo do tipo de diálogo que essa divergência de pontos de vista possibilitou que ocorresse se deu no momento em que Freud publicou sua obra *O futuro de uma ilusão* (1927), em que ele apresenta sua interpretação a respeito da origem da religião e do comportamento religioso à luz da Psicanálise, e de qual seria seu futuro. Prontamente, Pfister se opôs ao que propunha Freud, publicando *A ilusão de um futuro* (1928), encorajado pelo próprio Freud.

Quanto ao teor das obras, enquanto Freud tece uma severa crítica à religião, apresentando-a como algo ilusório, uma "neurose coletiva" que tenderia a ser superada conforme a humanidade avançasse. Freud (2006) coloca a religião como um elemento-chave no processo de civilização, na medida em que fez com que o ser humano reprimisse instintos, regulando, assim, a natureza que, apesar da liberdade em que deixa o ser humano, pode ser perigosa e acabaria por destruí-lo. Ao mesmo tempo, a religião também consola o ser humano quanto a aspectos da vida/natureza difíceis de aceitar (como o envelhecimento, as doenças e a morte). Assim, o autor nos mostra que o desamparo é vencido através de um mecanismo psicológico que transforma as forças naturais, incluindo aí vivências tipicamente humanas, em divindades, com as quais é possível interagir (pedir, agradecer, cultuar, fazer promessas, revoltar-se...). Esse não é apenas um padrão da criança, mas também filogenético.

Assim, na obra *O futuro de uma ilusão*, Freud (2006) considera que a divindade tem três tarefas principais, que seriam: apaziguar o medo que a natureza e suas ameaças podem causar ao ser humano; ajudá-lo a aceitar o seu destino, mesmo em momentos difíceis ou desafiadores; e, por fim, compensar os sofrimentos humanos, com a esperança de um mundo melhor, sem dores e mazelas. Nesse sentido, a religião seria uma "ilusão", na medida em que permite uma vida tranquila, suprindo necessidades emocionais e prometendo um destino feliz.

Portanto, para Freud (2006) a religião não é uma forma de conhecer o mundo, pois exige uma crença que não oferece nenhum tipo de possibilidade de validação empírica. É algo da ordem da fé, não da razão. Conforme o sujeito amadurece e supera antigas inseguranças infantis, poderia apoiar-se na ciência, não mais na religião. Ainda assim, até que isso ocorra, as "ilusões" têm um papel fundamental na psique, pois oferecem uma poderosa força de enfrentamento das incertezas da vida. Freud aponta que o sujeito deve, contudo, renunciar a esse anseio por consolo, cortar o vínculo de dependência dos pais e de Deus, para quem essa função fora transferida.

Rizzuto (2001) compreende que o fato de Freud negar Deus e a imagem internalizada do pai seria um reconhecimento de sua solidão. Ele, Freud, estava sozinho em sua empreitada. Ao mesmo tempo, a confiança que ele manifestava na "voz suave do intelecto" tinha algo de similar com a crença em Deus para um crente: evidenciava o amor ao próximo e diminuía o sentimento de sofrimento e desamparo.

Pfister foi um dos primeiros a ler a obra de Freud, bem como a questioná-lo e criticá-lo, de forma séria e consistente, quanto a temas como ética, Psicanálise e visão de mundo, e até sobre a legitimidade do discurso da ciência. Pfister chegou até mesmo a enviar o manuscrito de sua obra-resposta a Freud antes de considerar publicá-la, perguntando se lhe parecia "inapropriado para publicação, ou se acha injusto com o senhor em algum ponto" (carta de Pfister a Freud, 1928, p. 161-162). Na mesma carta, Pfister sugere que o ateísmo de Freud (ou sua ressalva quanto à religião) possivelmente emergiu em sua psique por ele ter crescido próximo a formas patológicas de religião, enquanto ele, Pfister, teve "a sorte de poder dirigir-me a uma forma livre de religião". Freud, por sua vez, considera as críticas dignas e amigáveis, ressaltando sempre o quanto foi importante que tais críticas tenham sido tecidas dentro do próprio círculo psicanalítico (carta 86, 1928, p. 162-164). Em nova carta (1928), Pfister se diz positivamente surpreso com o acolhimento das críticas e o debate produtivo e respeitoso que se seguiu quando *A ilusão de um futuro* foi publicada na *Revista Internacional de Psicanálise*, pelo próprio Freud.

É interessante ressaltar que, de todos os críticos que Freud teve, Pfister foi um dos mais respeitados por Freud, além de ter sido um dos poucos com quem as divergências teóricas não levaram, em momento algum, ao rompimento da amizade que havia entre eles. Ao contrário, Freud não se referia a Pfister como um opositor, mas como alguém "com ideias afins" (carta 71, 1925, p. 130).

Freud considerava que: "(...) a psicanálise não é religiosa nem antirreligiosa, mas um instrumento apartidário do qual tanto o religioso como o laico poderão servir-se, desde que aconteça tão somente a serviço da libertação dos sofredores" (carta 2, 1909, p. 25).

Na mesma carta, ele compara o erotismo e a libido psicanalíticos ao amor cristão, indo muito além do simples prazer sexual. Pfister, em resposta a Freud, diz que a posição ética de ambos é muito semelhante, ao contrário do que seu trabalho como pastor levaria a supor.

O teor dos diálogos quanto à religião, como se pode notar, não era pelo ponto de vista teológico, nem para separar o que seria "verdadeiro", e sim sobre a necessidade que a psique tem de cultivar algumas ilusões, como também discutimos no ponto anterior deste texto. O termo "ilusão" não se refere apenas à religião, mas a toda ideia baseada em estruturas de pensamento tipicamente neuróticas, sem evidências concretas, porém verdadeiras para o sujeito ou grupo em questão. Não está no real, mas faz parte da realidade do sujeito. Ao menos a princípio, ele não é usado como um termo pejorativo, nem seria indicador de psicopatologia.

Em outra carta (19, de 1910), ainda tratando da religião e das técnicas psicanalíticas, Freud aponta que Pfister ocupa uma posição privilegiada enquanto pastor, pois poderia sublimar a transferência na religião e na ética. Enuncia-se aí um assunto que se tornaria cada vez mais frequente, conforme Freud envelhece: o futuro da Psicanálise e a formação dos psicanalistas.

Freud confidenciou a Pfister um segredo sobre a "análise laica" e a "ilusão". Na primeira, ele busca proteger a Psicanálise dos médicos e, na segunda, dos sacerdotes. Segundo Freud, a psicanálise seria destinada a uma "categoria que ainda não existe" (carta 28, 1928, p. 166-167), que não seja, necessariamente, a dos médicos nem a dos sacerdotes. Pfister discorda da ressalva quanto aos sacerdotes, alegando que uma pessoa religiosa pode ter a atitude profissional de manter uma postura laica enquanto analista e que, se a postura sugerida por Freud fosse realmente levada a sério, então profissionais que não sejam sacerdotes mas que nutrem uma fé religiosa também não poderiam ser bons analistas.

Na realidade, o que Freud temia é que alguns pastores poderiam colocar crenças e dogmas religiosos à frente das ideias psicanalíticas, da mesma forma que certos médicos deixariam de olhar para os fenômenos psicológicos, mantendo o foco somente no tratamento de sintomas físicos. Posturas aparentemente opostas, mas que comprometeriam o bom andamento e os resultados da análise da mesma maneira.

Voltamos, assim, ao debate inicialmente proposto. No momento em que ocorria esse diálogo entre Freud e Pfister, o dualismo alma-corpo dava lugar ao dualismo psique-corpo ou, ainda, mente-cérebro. Andrade (2013) nos lembra de que a Neurologia nunca se ocupou de estudar a mente; a Psiquiatria se ocupa apenas de quadros patológicos; e a Psicologia clássica nunca se ocupou de estudar o ponto de vista médico/fisiológico dos fenômenos da consciência. Portanto, a postura sugerida por Freud no final do século XIX permanece inovadora. A mente expõe a condição do ser humano como ser psicológico, ou seja, um ser ao mesmo tempo biológico e social. Portanto, uma Psicologia que faça sentido precisa considerar esses dois eixos de maneira integrada.

O cérebro, a mente e a consciência: o lugar da ilusão

Pensar a mente como simples consequência da atividade cerebral é negar a noção de mente autônoma e de consciência, ou dos fenômenos psicológicos como uma realidade. Seriam reduzidos a meros "efeitos colaterais" do cérebro. Ao contrário, a tendência do século XXI é mostrar mente e cérebro como um *continuum*, unindo Psicanálise, Psicologia, Psiquiatria e Neurociência.

A Neurociência nos mostra que, para um desenvolvimento saudável, não basta que se tenha um cérebro e um organismo saudáveis. O ambiente, assim como a relação estabelecida com outras pessoas, são fatores decisivos. Cazarotto (2013) sugere que, no ser humano, a dimensão biológica, envolvendo o cérebro, o corpo e todo o aparato que compõe nosso organismo, anda de mãos dadas com a dimensão cultural (vida em sociedade, economia, religião etc.). O que acontece a um desses sistemas, obrigatoriamente, influenciará e transformará o outro. Andrade (2013) chega a afirmar que "potenciais herdados geneticamente só se desenvolvem se estimulados por outras pessoas" (p. 167). Desse modo, o ser humano enquanto ser biológico é uma abstração (uma ilusão?), pois ele só se torna real ao considerar seus componentes sociais e, na intersecção entre essas duas realidades, o ser humano se torna real ao chegar a se tornar um ser psicológico, que pensa, compreende e atribui sentido a si mesmo e ao que vivencia.

Assim, afirma Andrade (2008), a consciência é um traço marcante do psiquismo humano, tanto que apenas a partir de sua presença é que podemos pensar em atribuir um psiquismo ao ser humano. Se no início de nosso desenvolvimento (enquanto espécie e enquanto sujeitos) era real apenas aquilo que poderia ser captado através dos sentidos, com a aquisição da linguagem, o cérebro se torna cada vez mais refinado, pode passar a se referir a um objeto ausente, captando-o através da linguagem e do pensamento. Cria, então, uma realidade interna e abstrata, virtual, que existe em sua consciência e que, ainda que não seja palpável, também é real e passível de ser percebida.

Para Damásio (2011) ter uma consciência é ser o protagonista da própria existência. Sem ela, não haveria subjetividade, não seria possível criar essa realidade interna, tampouco explicar a realidade através de discursos religiosos, filosóficos ou científicos. O sujeito não saberia quem é ou que ele existe, nem perceberia seus pensamentos, emoções ou processos mentais. Para que surja a mente consciente, o cérebro precisa ser desenvolvido em certas condições específicas, e funcionar de modo característico. Sobre isso, o autor afirma:

A meu ver, a mente consciente surge quando um processo de *self* é adicionado a um processo mental básico. Quando não ocorre um *self* na mente, essa mente não é consciente, no sentido próprio do termo. Essa é a situação dos seres humanos cujo processo do *self* é suspenso pelo sono sem sonhos, a anestesia ou doença cerebral. (DAMÁSIO, 2011, p. 20-21).

O autor aponta que tanto o pensamento científico como a interiorização de imagens,[3] bem como a criação de outros discursos explicativos da realidade, como as religiões, não seriam possíveis. Assim, sem a consciência, as civilizações e culturas não teriam surgido, o que a torna um elemento de destaque na evolução biológica e social do ser humano. Cada vez mais, os estudos acerca da consciência precisam englobar diferentes esferas, como o comportamento, a mente e o cérebro. Além disso, é preciso considerar que a consciência está situada num contexto histórico, e tende a se adaptar a ele.

Nesse ponto, retomamos o debate entre Freud e Pfister, mais especificamente no ponto sobre a natureza da religião. Seria uma ilusão necessária à psique para o enfrentamento da realidade, superada conforme o ser humano amadurecesse? Ou, de fato, a religiosidade seria algo intrínseco ao ser humano, que vai além do mérito de "ser superado" ou não, pois seria algo que faz parte de quem somos, enquanto sujeitos individuais e enquanto espécie?

É importante mencionar, como destaca Rizzuto (2006), que o ponto de vista de Freud acerca do tema se modificou até que chegasse a esses questionamentos. A religião, que era inicialmente vista como a projeção da relação com o pai (portanto, um fator quase

---

[3] O termo não se refere simplesmente a imagens visuais. Os neurônios, ou seja, as células do sistema nervoso, se organizam em pequenos circuitos, que por sua vez estabelecem redes maiores que formam padrões ou sistemas. Esses padrões são grandes redes, que representam objetos, situações e fenômenos diversos, exteriores ou interiores. O conjunto de padrões mapeia a realidade exterior e interior ao organismo. Assim, por "imagem" se compreende a forma como a mente vivencia esses mapas. Além de imagens visuais, há imagens auditivas, táteis, viscerais etc.

que puramente emocional), passa a ser definida por ele como uma ilusão, no sentido psicanalítico. Assim, o componente puramente emocional, podemos pensar, passa a interferir no pensamento de modo mais consistente, enquanto ideias e pontos de vista. Para Freud, a ilusão (seja a religião, ou qualquer ideia neurótica) levaria a um processo ideativo supostamente falho, sem bases no real, dificultando a ideação mais eficaz e amadurecida. Massimi e Mahfoud (1997) mencionam que, nessa linha de pensamento, Freud colocou a religião/ilusão enquanto algo que se contrapõe ao pensamento científico que, de acordo com a mentalidade do momento histórico, seria o domínio da verdade.

Anos mais tarde, Freud reviu esse ponto de vista nos três ensaios da obra *Moisés e o monoteísmo*, publicada em 1939. Apesar de reforçar a ideia de que Deus seria uma criação infantil, para quem é transferida a visão enaltecida do pai, conforme a criança cresce e passa a ver seu pai com olhos mais realistas, Freud também reconhece que há algo maior no fenômeno religioso, que é inatingível e que a Psicanálise e a Ciência não poderiam dar conta.

A relação com Deus pode ser vista como uma relação objetal, no sentido do termo ao qual se refere o psicanalista Donald Winnicott, sugere Rizzuto (2006). Assim, Deus seria como um objeto transicional. Tal como a criança pequena se apega mais intensamente ao seu brinquedo ou cobertorzinho num momento de medo ou dificuldade, ou ainda de alegria intensa, também o adulto tende a tornar a imagem de Deus mais presente num momento de dificuldade, num processo de luto ou durante uma grande superação.

Há, portanto, um lugar e uma função para as ilusões no psiquismo. Possivelmente essa capacidade de crer (em algo religioso ou numa ideia laica) ocuparia um lugar de especial destaque na nossa mente. Pensando nisso, retomamos o debate inicial deste texto sobre a relação cérebro-mente.

Para refletir sobre isso, sendo possível considerar a coerência de diversos pontos de vista, mas não uma resposta única e definitiva, é preciso abordar a psique, mais especificamente, a consciência. Como já mencionamos anteriormente, Damásio (2011) se debruça sobre a questão da consciência, discutindo em sua obra como o cérebro constrói a mente e de que modo ela se torna consciente. O autor aponta que cada vez mais os estudos acerca da consciência precisam englobar diferentes esferas para que se chegue a uma estrutura. Além disso, ao ter como base dos estudos de neurociência a Biologia evolucionária, é preciso considerar que a consciência está situada num certo contexto histórico, povoado por "organismos em transformação evolucionária pela seleção natural" (p. 34).

O processo de nascimento da consciência, e junto com ele, a intersecção mente-cérebro, está relacionado a outro fenômeno: o surgimento de um *self*. Para estar consciente, é preciso que exista um Eu que perceba a realidade, processe essa percepção e dê a ela algum sentido. Notamos aqui, novamente, a semelhança com o *Projeto* de Freud.

Damásio (2011) aponta que há duas perspectivas sobre o *self*. A primeira seria um *self*-objeto, a de um observador que percebe o funcionamento da mente, a realidade, o comportamento e a história de vida. A segunda perspectiva mostra o *self*-conhecedor, algo capaz de refletir sobre aquilo que é vivenciado, dando foco ou sentido ao que vive, fazendo escolhas como um sujeito autônomo e lidando com as consequências dessas decisões. Para o autor, não há uma dicotomia entre essas duas visões, e sim uma relação de continuidade entre eles, sendo que o *self*-conhecedor se desenvolveria a partir da existência do *self*-objeto.

No início do século XX, um psicólogo norte-americano contemporâneo de Freud chamado William James já havia apontado a importância do *self*. Para ele, tudo aquilo que vivenciamos cria um fluxo de sensações, que seriam de origem corporal/cerebral. Entretanto, para que a experiência seja percebida, seria preciso um *eu empírico*.

Em sua obra, Damásio (2006) aponta William James como um âncora de seu pensamento. Ele chega a expressar que "o corpo é o alicerce da mente consciente" (p. 35-36). Daí surge a noção de protosself, isto é, as imagens mentais vindas de mapas cerebrais referentes ao corpo. Trata-se de imagens formadas no tronco cerebral superior, área subcortical presente em várias espécies além do ser humano. As estruturas cerebrais ligadas ao protosself (e que, ao longo do desenvolvimento, darão origem ao *self*) não apenas se referem ao corpo enquanto representação, mas são, literalmente, ligadas a ele.

Estão ligadas às partes do corpo que bombardeiam o cérebro com seus sinais, em todos os momentos, e são, por sua vez, bombardeadas pelo cérebro, criando assim uma alça ressonante (*resonant loop*). Essa alça ressonante é perpétua, e somente se interrompe nos casos de doenças cerebrais ou na morte (DAMÁSIO, 2006, p. 36).

Do protosself, o primeiro conteúdo mental que emerge seriam os sentimentos primordiais, que refletem o estado do corpo (dor, bem ou mal-estar, prazer...) e teriam origem no tronco cerebral, ocorrendo apenas se estamos despertos. Esse é um dado interessante e fundamental para o debate aqui proposto. A mente começa a ser formada pelo cérebro não no nível do córtex, onde estariam localizadas as funções nervosas superiores (como o raciocínio, a atenção, a habilidade de fazer cálculos ou a capacidade de planejar e regular nossos comportamentos), mas sim no tronco cerebral, via de comunicação direta com o corpo, com as informações percebidas e enviadas ao cérebro pelo corpo. A mente, concluímos, se inicia no corpo, e apenas a partir dele pode se desenvolver e se refinar.

A partir desse processo, o *self* pode começar a se estabelecer, levando, por fim, ao que Damásio (2006) denomina *self* autobiográfico, que engloba todos os aspectos do ser, enquanto corpo, mente e a misteriosa relação entre ambos, incluindo o advento de um "eu social" e mesmo de um "eu espiritual" (p. 39).

Considerações finais

Neste capítulo, buscou-se apresentar e comentar o debate entre Sigmund Freud e o religioso Oskar Pfister. O diálogo entre eles foi sempre amigável e respeitoso, não era uma competição, mas algo cooperativo que levou ao desenvolvimento e aprimoramento da Psicanálise.

Buscamos aproveitar o cenário trazido pelo debate, para abordar a relação alma-corpo, ou mais atualmente, mente-cérebro. Percebe-se que o debate acerca do tema não está fechado, ao contrário, é preciso continuar abordando e ampliando as teorias acerca do tema. Compreender a ligação ou o tipo de relação que existe entre a mente e o cérebro possivelmente nos ajudaria a compreender melhor cada um dos lados da moeda, bem como o potencial que eles têm quando combinados.

Referências bibliográficas

AMATUZZI, Mauro Martins. *A experiência religiosa: uma pesquisa em andamento*. Anais do Seminário Psicologia e Senso Religioso. Ribeirão Preto: Universidade de São Paulo, 1997.

ANDRADE, Victor Manoel. *Um diálogo entre a psicanálise e as neurociências*. 2. ed. São Paulo: Casa do Psicólogo, 2008.

_____. *A ação terapêutica da psicanálise e a neurociência: o mundo freudiano como representação*. São Paulo: Casa do Psicólogo, 2013.

CANGUILHEM, Georges. *O normal e o patológico*. 5. ed. Rio de Janeiro: Forense Universitária, 2002.

CAZAROTTO, José Luiz. Ciências biológicas, neurociências e religião. In: PASSOS, João Décio; USARSKI, Frank (Org.). *Compêndio de ciência da religião*. São Paulo: Paulinas/Paulus, 2013, p. 367-382.

CRUZ, Eduardo R. Ciências Naturais, religião e teologia. In: PASSOS, João Décio; USARSKI, Frank (Org.). *Compêndio de ciência da religião*. São Paulo: Paulinas/Paulus, 2013, p. 115-127.

DAMÁSIO, António. *E o cérebro criou o homem*. São Paulo: Companhia das Letras, 2011.

FIORI, Nicole. *As neurociências cognitivas*. Porto Alegre: Instituto Piaget, 2009.

FREUD, Sigmund. *O futuro de uma ilusão. Edição Standard Brasileira das obras psicológicas completas de Sigmund Freud*. Rio de Janeiro: Imago, 2006, v. XXI.

MASSIMI, Marina; MAHFOUD, Miguel. Abordagens psicolígicas à experiência religiosa: traçando a história. In: Anais do Seminário a Psicologia e o Senso Religioso (p. 43-57). Ribeirão Preto: Saulus, 1997.

RIBEIRO, Osvaldo Marba. *Psicanálise: bases neurofisiológicas*. São Paulo: Escuta, 2010.

RIZZUTO, Ana-María. *Por que Freud rejeitou Deus? Uma interpretação psicodinâmica*. São Paulo: Loyola, 2001.

_____. *O nascimento do Deus vivo: um estudo psicanalítico*. São Leopoldo: Sinodal, 2006.

WONDRACEK, Karin Hellen Kepler; JUNGE, Ditmar (trad.). *Cartas entre Freud e Pfister (1909-1939)*. Viçosa: Ultimato, 1998.

Segunda Parte

OS DEBATES SOBRE A IRRELIGIOSIDADE NA PERSPECTIVA HISTÓRICO-CULTURAL DA FRANÇA E DA EUROPA CONTEMPORÂNEA

CAPÍTULO V

O DEBATE SOBRE A IRRELIGIOSIDADE NA PERSPECTIVA DO PENSAMENTO LAICO DE A. COMTE-SPONVILLE E LUC FERRY

Cátia Cilene Lima Rodrigues

Introdução

1. Luc Ferry, pensador francês, é um entusiasta quanto ao pensar e ao viver no Ocidente. Em sua análise histórica sobre a constituição da família, argumenta que até o século XVIII, quando a família moderna começa a ser constituída, 30% das crianças eram abandonadas e muitas morriam logo no primeiro ano de vida. Na Idade Média europeia, as crianças eram menos importantes que um animal de carga e existiam diferenças em relação ao primeiro filho; frequentemente as crianças eram abandonadas à morte. A partir do século XVIII, com a família nuclear, essa situação se transforma. Na visão de Ferry, no futuro a família será ainda mais importante porque o ser humano acabou se tornando uma das últimas coisas sagradas para a própria humanidade, considerando sagrado aquilo pelo qual somos capazes de oferecer nossa própria vida.

Para ele, o sagrado não desapareceu, mas mudou de lugar e se encarnou na própria humanidade daquela transcendência vertical que passava por Deus, pátria e grandes utopias: nós temos agora uma transcendência horizontal de ser humano para ser humano. Dessa forma, o autor acredita que o fim das utopias não é uma tragédia, mas uma coisa formidável, porque foca em novos valores, que são os valores existenciais. Nessa nova grade de valores é o amor que vai trazer sentido à vida, o amor acaba se manifestando como uma das últimas coisa indiscutíveis e absolutas no mundo contemporâneo: antes do mundo contemporâneo, o valor absoluto era o transcendente, Deus ou a eternidade e agora o valor absoluto que nós encontramos é aquilo que está entre nós, que é uma transcendência na imanência, é a valorização do outro, do ser humano, de forma consciente, que parte não de uma imposição autoritária, mas de uma revelação íntima, intuitiva e emocional.

Na visão de Luc Ferry, existem também preços para essa vida moderna que é mais democrática e mais livre. Um deles é inventar a vida sozinho e encontrar um sentido para a própria existência, o que certamente não é fácil; de outro modo, que também não se deve pensar que a vida é sempre feliz e despreocupada, caso contrário, reduziríamos a existência humana à vida de um animal que vive sem imaginar que possa haver um perigo, um caçador etc. Sem usar da competência de visão, de previsão futura, de análise da realidade, nunca vamos ter uma vida totalmente despreocupada, porque a realidade da vida apresenta problemas que geram medos, o que nos faz diferente de outros animais que não têm consciência e brincam inocentemente distante do perigo.

É nesse sentido que o filósofo acredita que a Filosofia pode nos ajudar a viver melhor. Luc Ferry acredita que uma filosofia desvinculada da sobreposição da religião cristã, coisa que aconteceu principalmente a partir da Idade Média, traz ao indivíduo uma aprendizagem sobre a vida. Assim, afirma que o projeto da Filosofia e o da Psicologia são semelhantes: trazer a salvação do ser humano em relação aos seus medos. No entanto, em caminhos diferentes, porque a Psicologia muitas vezes diz ou elabora a partir do como salvar o mundo do medo, e a Filosofia responde o porquê; enquanto a Psicologia acalma, a Filosofia faz uma relação de sentido.

2. André Comte-Sponville é um filosofo francês materialista que por muito tempo foi mestre de conferências da Universidade de Paris-Sorbonne, de onde saiu em 1998 para se dedicar à tarefa de ser escritor e conferencista no circuito universitário. Seus principais referenciais teóricos são os pensadores Jean Paul Sartre e Dostoievski, de onde se inspira para suas reflexões sobre a responsabilidade de cada um de nós por tudo diante de todos. Embora educado como cristão, aos dezoito anos se declarou ateu, mantendo uma visão de gratidão em relação à religião. Sponville se apresenta como um materialista racionalista e também humanista, oferecendo um materialismo metafísico, uma ética e espiritualidade humanista sem Deus e apresentando essa sua visão como uma sabedoria para os tempos contemporâneos. Embora ateu, é praticante de meditação silenciosa como um exercício de unidade entre corpo e espírito. Ateu, porque não acredita em qualquer Deus, e não dogmático porque incorpora o fato de que o ateísmo também é uma crença, Sponville permanece fiel porque ao longo de sua jornada intelectual e pessoal na Filosofia permanece ligado a um núcleo moral, cultural e espiritual humano que historicamente é transmitido através das suas principais religiões. Politicamente, ele se define como um social-democrata ou liberal e tem escrito excessivamente na grande imprensa sobre esses seus posicionamentos.

Para esse pensador francês, a Filosofia se reduz a uma só pergunta: "Como se deve viver?". Assim, para ele, nós temos que filosofar não por um dever moral, mas sim por uma necessidade, uma necessidade diante das naturais dificuldades que temos na vida em usar a nossa inteligência para viver melhor. Sponville afirma que o amor à sabedoria, ou seja, à própria Filosofia, é a busca por viver de maneira um pouco menos estúpida, um pouco mais inteligente para sermos mais felizes. Em sua opinião, a Filosofia vai nos ajudar a viver melhor porque toma distância ante o pequeno eu de cada um com o propósito sério de pensar a verdade – não a verdade da pessoa, não a verdade de quem cada um é, mas, enquanto pensamento verdadeiro, uma descentralização em relação a si.

Além disso, para Sponville, a Filosofia também pode funcionar com lição de lucidez, pois nos afasta da infelicidade de pedirmos e esperarmos da vida coisas que não se podem proporcionar. A Filosofia nos ajuda a tomar consciência de que a vida não é nem tem a obrigação de ser aquilo que nós gostaríamos que fosse. Entretanto, isso se dá não de uma forma pessimista, mas de modo especialmente otimista. Para ele, a Filosofia é capaz de nos ensinar que se a vida não corresponde àquilo que desejamos, não é por culpa de alguém, da vida ou de um ser supramundano ou um deus, mas somente de nossas próprias expectativas. A Filosofia é capaz de nos ensinar a paciência, a atitude responsável e a aceitação enquanto forma de amor – em sua opinião essa é a essência do homem e o seu desejo.

3. No que se refere ao desejo, Sponville acredita que este pode se manifestar como uma esperança, uma vontade ou como o próprio amor. A esperança, enquanto um desejo cuja satisfação não depende de cada um, e a vontade como aquele desejo em que a ação individual é capaz de alcançar a satisfação. Muito mais uma expectativa na realidade, o amor é um desejo que se dirige àquilo que é real, àquilo que existe e que busca a felicidade dentro desse espectro: esse amor pode se revelar por sua família, por seus filhos, por seu cônjuge, por seus amigos. Ele se revela enquanto desejo num encontro, trazendo a satisfação e o sentido existencial para cada um de nós. Por fim, Sponville pode sintetizar a sua visão de mundo dizendo que o amor da sabedoria não é a sabedoria: a sabedoria não consiste em amar a sabedoria, mas em amar a vida como ela é, feliz ou infeliz, sábia ou estúpida e, em todos os seus paradoxos, compreender que nenhuma vida é feliz ou sábia por completo e, por isso, ela é digna de ser amada.

Luc Ferry, por seu lado, se apoia na tradição do Ocidente cristão, cartesiano, kantiano e fenomenológico à moda de Hursserl. Difere por aí de Sponville, que é ligado ao Oriente budista, a Epicuro, a Espinosa e a Marx. Universos divergentes de pensamentos, em diálogo convergente sobre a vida. Nesse paralelo de visões sobre o mundo contemporâneo Ocidental, este texto se propõe a pensar a espiritualidade sem religião no ateísmo francês desses autores.

O capítulo pretende apresentar de maneira geral os dois filósofos franceses e suas ideologias, bem como debater suas percepções sobre ateísmo, a superação da religião pela ética e o pressuposto de espiritualidade enquanto equilíbrio emocional, a partir do debate que ambos estabeleceram na obra conjunta *A sabedoria dos modernos*. Para tanto, se irá abordar suas divergências sobre a Filosofia contemporânea, em que Sponville se apresenta materialista em oposição a Ferry humanista, em debate sobre o que é divino, absoluto e sagrado.

Na segunda parte do texto, o debate apresentado entre esses autores será em relação ao desespero e esperança na construção de uma possível felicidade, em que a religião e fundamentos morais são focados como dever à salvação.

Na terceira parte, o presente texto se deterá no debate filosófico desses autores sobre esperança, desespero e sentido existencial na relação com a religião. Por fim, fecha-se esta reflexão com o posicionamento desses autores quanto à Filosofia, religião e construção de uma espiritualidade laica como expressão de sabedoria humana.

1. Ateísmo e transcendência no materialismo e no humanismo

Duas visões do mundo. Materialismo e Humanismo. Enquanto a primeira faz crítica à gênesis da sabedoria, a segunda não dissipa a transcendência com sua retirada das religiões. O materialismo se conclui no ateísmo, propõe uma ética imanente e valida o desespero como parte de um processo para a felicidade. Desloca a esperança da transcendência para a presença concreta do aqui e agora, onde o que se convém é aprender a viver de forma mais amável entre as demais espécies animais: chama o ser humano à reconciliação com o mundo a partir do encontro com o seu real lugar na ordem da vida. O humanismo, laico e agnóstico, considera a transcendência necessária para a humanidade se manter numa relação descontínua essencial e com a vida em si. Esse humanismo não supõe. É capaz de, independentemente de ser divino, transcender a humanidade da condição animal natural à reflexão das suas questões metafísicas e existenciais.

Luc Ferry defende esse humanismo que denomina "do Homem Deus". Ainda que não creia em algum deus ou qualquer diabo, afirma crer no diabólico: a maldade humana. A partir de Nietzsche, define o sagrado no mundo atual como aquilo pelo qual podemos nos sacrificar à própria vida. Assim, transcendentes são os valores que, independente da razão, nos parecem superiores à própria vida. Por influência de Sponville, Ferry também define sagrado como aquilo que se pode profanar: "sagrado é esse limite que não saberíamos franquear (mas que podemos, certamente, sempre fazê-lo) sem entrar na esfera do mal absoluto" (FERRY, 2000, p. 18). É justamente aqui que Ferry encontra o ponto central do materialismo, que questiona se a relação com o sagrado e absoluto não se reduz à simples ilusão, oriunda da indignação diante de valores puramente culturais. Para ele, terminantemente não se trata disso. Ele se declara favorável a um humanismo de homem-Deus, como uma aposta nas ciências humanas.

Para Ferry, materialismo consiste na concepção de que a vida do espírito é produto da matéria, ao mesmo tempo que por ela é determinado. Desse modo, valores, moral, religião, lei, política ou sabedoria não são absolutos, mas relativos à condição material que determinam a vida, de modo que não há, assim, autonomia do espírito ou transcendência real. Marx, Freud e Nietzsche são, para o autor, exemplos do materialismo contemporâneo, com Filosofias que assumem dois traços marcantes: determinismo e reducionismo. E são esses traços que provocam a sedução ao materialismo: é um trabalho que, em definição, desenvolve-se na suspeita de quem desmitifica a realidade, revelando a natureza para além das aparências ou impressões. Além disso, Ferry nos lembra de que o materialismo não se constrói na tomada de ideias, mas se foca no fato e parte de realidades verdadeiras, como sexo, instinto ou história econômica e social, dando as costas às concepções espiritualistas e abstrações.

Embora creia que as teorias clássicas do materialismo já não estejam tão bem como no século passado, Luc Ferry afirma que o materialismo em si vai melhorar antes em função, sobretudo, por não se estabelecer só nas Ciências humanas, mas por sediar-se agora nas Ciências duras, em especial, na Neurobiologia. Contudo, esse novo perímetro do materialismo enfrenta contestações quanto a seu reducionismo, bem como temores e preocupações sobre a biologização/naturalização das diferenças entre cultura, sexos, etnias etc., por promover um regresso a posturas extremistas, eugênicas ou de discursos anti-igualitários. Mas esses temores são para Ferry como pistas falsas para evocar o problema do materialismo: que nele não há margem para compreensão da liberdade suplementar do indivíduo, bem como para quem tudo é explicável por modelos deterministas de comportamento/funcionamento da realidade (o que anula qualquer hipótese de liberdade, autonomia ou transcendência). Assim sendo, formula quatro objeções filosóficas contra o materialismo. A primeira é uma objeção moral: de partida, o materialismo subestima suas consequências. Ferry aponta a primeira incoerência no materialismo que, sendo determinista, encara a moralidade dos atos dependente de uma liberdade que se crê, de antemão, ilusória.

Da mesma forma que não há elogio lisonjeador sem liberdade de repreender, também não há distinção sensata entre o bem e o mal moral sem liberdade de todo. Por que é que eu deveria ser tido como responsável e repreendido enquanto tal se eles não são senão produto de um duplo determinismo, natural e cultural? (FERRY, 2000, p. 22).

Sua segunda objeção é a respeito da dissolução do eu: supõe que toda argumentação de ideias deriva de um agregado passageiro e complexo de células e de história que, no momento presente, afirma algo, enquanto voz de uma etnia, classe, gêneros e outras particularidades de herança genética e cultural que determinam o argumento. Ou seja, Ferry critica a visão materialista que define consciência humana por sua passividade, como se decorresse dos fatores materiais condicionantes.

A terceira objeção de Ferry ao materialismo refere-se ao círculo hermenêutico: "é impossível fundamentar a possibilidade de conhecimento científico num conhecimento científico" (Ferry, 2000, p. 24). Seu argumento aqui se baseia na lógica de que, se o conhecimento científico depende do cérebro, então é o cérebro também que conhece a si mesmo, não havendo qualquer distanciamento ou neutralidade, tampouco objetividade no conhecimento que está determinado às estruturas cerebrais.

Por fim, sua quarta objeção filosófica ao materialismo se refere à impossível falsificabilidade dessa visão da realidade: se a sua tese é de que somos determinados por todos os aspectos da cultura e da natureza, torna-se irrefutável porque qualquer ato ou ideia não apresenta qualquer autonomia, podendo ser simples expressão de genes, do inconsciente, da história pessoal do sujeito. Assim, Ferry define o materialismo como uma hipótese filosófica, sem a possibilidade de erradicar por demonstração uma hipótese inversa, a da liberdade (que ele também afirma como infalsificável, mas pela qual apresenta preferência).

A respeito dessa predileção, Luc Ferry revela-se espantado com a fraqueza dos argumentos espiritualistas sobre o bem, pois considera absurda e vã a tentativa de argumentação contra o materialismo pelo motivo de que, a despeito de genes e cultura, o ser humano pode ser altruísta: cooperação pode até ter interesse utilitário. Para ele, considerar um mal radical é mais convincente, uma vez que a natureza o ignora, já que a despeito da agressividade animal, aparentemente só a humanidade apresenta a consciência e intencionalidade no projeto do mal, o que a religião denomina demoníaco. E, além do mal não passar indiferente a quem o pratica, diferente de uma ação instintiva, ainda há o prazer em produzi-lo, o sadismo, até então presente especificamente na natureza humana. Não há lógica natural do mal, conclui Ferry; o materialismo não encontra o que lhe convença aqui:

> O demoníaco, porque é precisamente de uma outra ordem que não a da natureza, escapa a toda lógica (...) porque ele [o olho Humano] não reflete apenas a natureza, nós podemos aí decifrar o pior e o melhor, o mal absoluto e a generosidade mais espantosa. É a esse excesso que eu chamo liberdade (FERRY, 2000, p. 26).

Para o filósofo, os dois anti-humanismos teóricos são a religião e o materialismo, que entregam o ser humano à condição heterônoma, seja a do divino ou a da natureza, retirando o mistério do sagrado ao sucumbi-lo a um fundamento primordial, seja Deus ou a matéria, que é em si a explicação de tudo. E, assim, afirma o que considera o principal até de um humanismo sério:

> O humano é excesso ou não é. É isto o divino ou o diabólico nele, que as grandes religiões tentaram nomear extrapolando-o para uma entidade exterior ao homem. Está aí a sua verdade: elas não se contentavam, como diz o materialismo, com extrapolar uma necessidade em um medo, mas também uma realidade sagrada, essa desse excesso, dessa liberdade (Ferry p. 26).

Dessa forma, acredita que a admissão de algo sagrado na humanidade e, por outro lado, que as religiões inventaram uma imagem de Deus, demandam a conclusão de que as religiões foram inventadas pela necessidade em nomear esse sagrado, para além da necessidade de suprimir os medos de morte e de vida. Tal elemento social no ser humano não lhe parece, a despeito do materialismo, algo ilusório, uma vez que continua misteriosa e transcendente mesmo fora das religiões.

Abordando a mesma temática, o filósofo Andre Comte-Sponville nos recorda de que a palavra materialismo tem dois sentidos, ambos opositores ao idealismo, ainda que em acepções diferentes. No sentido trivial, materialismo é a ausência de ideais e interesse exclusivo em prazeres físicos e bens materiais, o que não requer qualquer necessidade filosófica especial. Já no sentido filosófico, o materialismo é uma concepção do mundo e uma teoria do ser que afirma a inexistência de qualquer ser além do material (o que exclui qualquer possibilidade de mundo inteligível, Deus transcendente ou alma imaterial). No entanto, Sponville não acredita que essa concepção seja uma renúncia de valores ou de bens espirituais, uma vez que, a partir do corpo, o sujeito é capaz de pensar, desejar e amar. Afirma o materialismo como um fisicalismo e um naturalismo, por tal solidário ao racionalismo e ao espírito científico, combatendo, assim, todo tipo de superstição ou crença sobrenatural – o que justamente o leva ao reducionismo: sua metafísica e a própria física.

> Uma ciência nunca é nem materialista nem idealista. Mas porque é que isso nos há de impedir, apoiando-nos nela, de optar por uma ou outra dessas posições? Filosofar é pensar mais longe do que sabemos: é o que o cientista esquece, porque toma as Ciências por uma filosofia, e é o que o positivista recusa, para quem as Ciências chegam. O materialismo não existe, como Filosofia, senão na condição de se proteger dessas singularidades (SPONVILLE, 2000, p. 30).

Assim, ainda que se suponha uma divindade física natural (seja a natureza, seja a ética), e que muitos materialistas não tenham sido ateus em si, em princípio, o materialismo é antirreligioso para Sponville, que considera o ateísmo como seu expoente ápice no mundo contemporâneo: sendo tudo matéria ou produto dela, pensamento e espírito só têm realidade por ela determinada. Nesse aspecto, ele se opõe claramente a Luc Ferry: seu materialismo não supõe qualquer divindade imaterial, realidades inteligíveis ou abstrações de valores absolutos transcendentes; nenhuma substância espiritual, e, sobretudo, não concebe qualquer possibilidade de um sujeito livre e indeterminado. A modelo de Nietzsche considera a alma como parte do corpo, submetida às suas leis de funcionamento e à morte. Considera que o cérebro comanda a mente, e esta àquele se submete, e a consciência disso é o que se denomina "eu" ou "sujeito".

Considera o materialismo como trágico, uma vez que sua perspectiva é a morte daquilo que mais valoriza, a vida. Por isso, seu tema é o desespero: não há esperança para além da morte, nada é absoluto, e o valor da vida reside em sua finitude.

Sponville também aponta consequências lógicas do materialismo: "se todo pensamento é neurologicamente determinado, todo o pensamento é duvidoso, incluindo a Neurobiologia" (SPONVILLE, 2000, p. 32). Contudo, não acredita que isso seja motivo para refutar a Neurobiologia, pois não prova que o pensamento seja falso em si, apenas impossibilita a construção dessa possível verdade em certeza ou absoluto. Reconhece que não há meios de fundamentar certezas no materialismo, uma vez que todo idealismo dogmático é circular. Assim, só há coerência no materialismo não dogmático.

No que se refere à Filosofia política e moral, Sponville admite alguns desdobramentos do materialismo, sobretudo a inexistência de valores absolutos, que são produtos históricos, naturais e sociais. Mas não argumenta que os valores morais sejam nulos, uma vez que reconhecer que qualquer valor não exista em si não impede o ser humano de pensá-lo, amá-lo e nos empenhar por ele nas relações sociais. O que afirma, em síntese, é a impossibilidade de defini-lo em absoluto, uma vez que se tudo é matéria, tudo é relativo, sem, contudo, fazer do naturalismo um niilismo: um valor, sendo histórico, é relativo sem ser uma ausência de valor. Para Sponville, o materialismo coerente aceita seu relativismo por compreender que nenhum bem absoluto está ao alcance do cérebro.

A moral pode permanecer ao mesmo tempo absolutamente particular (não há moral senão a humana), tornando-se relativamente universal (todos os homens podem ter, de direito, a mesma moral e nada proíbe que a tenham, de fato, cada vez mais (SPONVILLE, 2000, p. 34).

Para ele, se nada existe absolutamente senão matéria e vazio, o que é o materialismo, em sua natureza amoral, não é possível existir uma moral absoluta, mas somente uma universalização de valores morais, e restrita à realidade humana.

Em sua perspectiva, se o cérebro é quem avalia e delibera, as escolhas estão submetidas as suas escolhas materiais. Contudo, isso não significa que, ainda que todos sejam materialmente determinados, não haja diferenças e preferências, pois a vida não é mecânica (e até as máquinas apresentam funcionamentos particulares). Contudo, entende o ser humano numa definição semelhante à das máquinas, ou seja, é conceitualmente um sistema material complexo capaz de transformar a energia, trabalhar e realizar coisas. Considera necessário, aqui, concluir que não há liberdade, mas que isso não impede a responsabilidade.

> Resta que toda autoprogramação pressupõe um programa prévio, que toda escolha permanece submetida às condições mesmo parcialmente aleatórias, que lhe permitem, em suma, que uma liberdade material (física) não poderia ser absoluta (metafísica), nem, portanto, constituir um livre-arbítrio ou uma vontade absolutamente indeterminada (SPONVILLE, 2000, p. 35).

Ainda assim, Sponville afirma que nenhum ser humano é prisioneiro do passado, que podemos mudar e nos transformar, mas seria impossível escapar ao presente, à realidade do corpo, o que impossibilita tal liberdade de ser um livre-arbítrio: o materialismo vê o homem como uma espécie animal entre outras, decorrente da natureza e cultura (hominização e humanização), sem essência absoluta, mas como resultado material.

Nesse sentido, Sponville vê o humanismo como uma realização do humano, que mais acredita em si do que conhece a si mesmo, sendo um tipo de idolatria ao amor-próprio e à razão. Não considera o materialismo um reducionismo, mas uma abordagem de compreensão do superior pelo inferior, ou seja, por uma derivação, já que o superior parte do inferior: explicar pensamento pela matéria, consciência pelo inconsciente, alma pelo corpo, amor pelo sexo, contudo, distinguindo-se este daquele efetivamente.

Por isso, para Sponville, o materialismo é o ateísmo em último grau: não crê em Deus, na imaterialidade, na transcendência, no espírito e, em última instância, não crê nem no Homem (enquanto essência). O materialismo de Sponville não supõe valor absoluto, sequer princípio absoluto. Só acredita no real, sem juízo de valor, pensamentos, valores, consciência ou vontade: a matéria.

> Isso não o impede (..) de amar o que a matéria produz sem conhecê-lo (vida, pensamento, espírito), que vale portanto (...) realmente. (...) É sempre a diferença entre relativismo e niilismo. (...) Não é porque uma coisa é boa que nós a desejamos, explicava Espinosa, é, pelo contrário, porque nós a desejamos que a julgamos boa. (...) A vida é portanto boa, se desejarmos viver; e a humanidade, se a amamos (SPONVILLE, 2000, p. 38).

Por fim, Sponville acredita que seu anti-humanismo teórico se faz, paradoxalmente, humanismo prático. Já que humanidade não é essência ou absoluto para ser venerável, ele a conceitua como espécie a se preservar, conhecer e reconhecer e, ao fim, um valor a defender – por exemplo, não por fé, mas em fidelidade. Ainda que se declare pronto para se sacrificar por seus filhos, não os considera sagrados, como antes definiu Ferry, pelo simples fato de sagrado ser uma categoria por definição separada do profano – e seus filhos estarem juntos e presentes consigo, na realidade cotidiana da vida.

Do mesmo modo, pátria, convicção e ideologia pelas quais as pessoas são capazes de sacrificarem-se não passam de realidade vulgar e profana no fragmento de espaço-tempo: Sponville reconhece no autossacrifício o amor, mas não a sacralidade, e não supõe a possibilidade de transcendência na imanência, já que o divino realmente não existe senão no ser humano. Ao invés do sagrado, ele discute o absoluto prático; verticalidade antes da transcendência; civilização ao invés de divino; cultura antes de espírito. Tal vocabulário é uma crítica direta à Filosofia que se vale de expressões religiosas para discutir o que é de categoria humana: para ele, a Filosofia não deve propor outra religião, mas, antes, auxiliar a humanidade a dispensá-la com dignidade.

II. Sentido, desespero e esperança

O sentido da vida é uma questão filosófica que no decorrer da história recebe diferentes respostas. No universo secularizado contemporâneo, o materialismo não conserva o significado dessa questão: não é aqui negado que haja sentido na vida, mas não se supõe um sentido da vida, absoluto e transcendente. Para o materialismo/ateísmo, o sentido na vida existe para ser criado, não para ser encontrado. De outro modo, o humanismo, ainda que não religioso, não supõe o fim da transcendência com o esvaziamento religioso, mas lhe encontra no seio da humanidade em seus valores e na vida comum, no trabalho e na dignificação da vida cotidiana: e aqui encontra um possível sentido da vida.

Para Luc Ferry, a percepção da relatividade e transitoriedade da vida é a questão do sentido, sobretudo diante das rupturas da existência pessoal; geralmente, quando a vida retoma seu curso comum, cessam as interrogações sobre a finalidade da existência. Contudo, aponta algo distinto no momento contemporâneo para a humanidade, no que se refere a essa questão: cosmologias e mitos antigos, as grandes religiões e as utopias políticas se diluíram de força e convicção. De algum modo, sem apreender o conhecimento dessas respostas tradicionais à questão do sentido da vida, Ferry acredita que não seremos capazes de formular novas respostas.

A cosmologia da Filosofia antiga sugere que o ser humano está no cosmo para buscar o seu lugar, segundo sua própria natureza, e qualificar-se em seus potenciais. Contudo, a Ciência e Filosofia modernas findam a ideia de cosmo: o mundo é compreendido infinito, e encontrar nele um lugar passa a ser algo sem significado quando todos os lugares são válidos, quando todos são iguais em direito e sem a restrição a um destino determinado. Contudo, muitas pessoas, inclusive dotadas de mais sabedoria, são carentes de algum Deus nos dias atuais. O discurso religioso também faz sinalizações do sentido existencial, oferece referência moral, esperança e senso de identidade às pessoas – contudo, nos tempos contemporâneos, é uma questão de espectro privado e não mais coletivo. Em relação à política, encontra-se carente de ideologias e utopias, sem lugar de encontro que ofereça um sentido último às pessoas. Nos três casos, Ferry aponta que há no mundo contemporâneo e laico a privatização das opiniões, o que delimita a questão do sentido existencial aos projetos individuais, que pode levar a um desencantamento da vida.

Ferry diz que "sentido" é uma expressão que invoca a ideia de significado, compreensão, da apreensão de uma subjetividade que nos diga algo importante em relação à vida: "por traz dos símbolos, nós descobrimos uma vontade subjetiva de entrar em relação com o outro, e é apenas nessa condição que o efeito do sentido pode ser criado" (FERRY, 2000, p. 236).

Sendo assim, "sentido" requer: 1) significância, 2) um sujeito a qual atribuímos, 3) a liberdade para atribuir, e 4) alguma intenção – aquilo que quisermos considerar, seja Deus, a natureza, anjos ou qualquer outra entidade. Isso requer "intersubjetividade" para definir espaços e limites entre sentido e ilusão. Afirma a liberdade da vontade como determinante de um significado não ilusório, bem como a sabedoria como pertencente à esfera de aceitação da realidade como ela é. Para ele, não procurar o sentido é necessário, assim como aceitar o absurdo da simples existência. "Eu sou, ele é, nós somos e ponto final: isto não tem sentido mas, através do efeito do desespero e da reconciliação que permite, isto é por vezes bom" (FERRY, 2000, p. 237).

Com isso, Ferry não pretende negar a realidade nem a experiência de identificação quase fundida com o mundo e os momentos de graça; porém, não acredita ser razoável fazer dos momentos felizes e favoráveis um modelo ou ideal, uma vez que o mundo não seja perfeito a ponto de ser ineparável, tampouco o "eu" seja deplorável a ponto de se querer anulá-lo.

Com esse olhar, Ferry menciona que o budismo aponta como sentido da vida o desapego às ilusões de sentido, ainda que se declare não especialista em budismo. Julga coerente o apontamento budista de que a vida autêntica seja a monástica (ou solitária), já que a mesma Filosofia defende a inconstância como lei universal: ou seja, qualquer compromisso afetivo é um erro e causa de sofrimento numa perspectiva de mudança constante, além de ser causa de ilusões, desejos e ódios que brotam dos apegos. Compreende, assim, a lógica budista de desprezo ao "eu": os males se originam dos apegos, e estes se devem à ilusão do eu. Porém, da clareza dessa lógica budista, o autor formula sua crítica:

> A questão do sentido é assim regulada por erradicação: se o sentido está ligado como eu o sugeri, a um querer dizer, a uma relação, entre dois ou mais sujeitos livres, a reconciliação com o mundo, o amor pelo universo para os quais nos convida o budismo têm bem por ideal o apagamento da própria estrutura em que o sentido é possível. Morrer feliz, libertado dos apegos do eu, na graça, se podemos dizê-lo, é morrer sem procurar um sentido (FERRY, 2000, p. 240).

Em contraponto, apresenta o cristianismo como postura filosófica contrária, em que o sentido está justamente no amor pessoal do ser humano, que é livre e único. O valor concentra-se na pessoa humana portadora de sentido, livre. Nesse aspecto, questiona o sentido após a morte de Deus, ou seja, se existe sentido possível à pessoa que se situa além da esperança cristã e da desesperança budista. Sua sugestão é positiva, viabilizada pela intersubjetividade no "aqui e agora".

Para Ferry, a laicidade tem um sentido geminado dos valores da verdade, beleza e amor, que definem as estruturas da intersubjetividade que se podem encarnar nos diferentes momentos da vida e em acordo com os talentos desenvolvidos.

Daí, parece-me, a questão central daquilo que poderíamos designar como uma "sabedoria dos modernos": como tornar-se homem, sujeito encarnado nessas estruturas de sentido, nesses lugares que dão sentido porque permitem aos seres humanos entrar uns com os outros numa relação de "querer dizer" e de "querer compreender" não destrutiva? É no fundo todo o problema da educação (FERRY, 2000, p. 241).

Tal problema se coloca a três instâncias para além da alienação ou retificação no espaço do sentido: as estruturas de intersubjetividade, a liberdade e o mundo, ao que se conclui o sentido da vida como tornar-se humano, capaz de comunicar-se com o outro de forma autêntica e indiferente às diferenças, como síntese livre do universal e do particular. Daí o desafio da educação: a emancipação da situação originária para se relacionar com outros, fazer uso da liberdade para um acesso mais abrangente do mundo, além do egoísmo e das divisões. Para isso, é necessário a compreensão constante de si como "educando", vencendo a sedução das ideologias que dominam a consciência, a robotização do ser, libertando-se dos determinantes sociais e psíquicos que sufocam a comunicação entre os seres humanos.

Nessa questão, Ferry recorda o significado da velhice nas sociedades modernas como um ponto cego, que define como "vitória da cosmética sobre a religião, do vitalismo sobre o sentido..." (FERRY,

2000, p. 241). Não que a velhice em si seja a experiência; esta, a experiência, seria, então, o pensamento amplo, a abertura do espírito da pessoa que se torna ela mesma, entre suas particularidades e seu universalismo. Assim, afirma que o sentido da vida para quem recusa respostas cosmológicas ou religiosas sintetiza-se em duas vias:

Uma chega-nos de Nietzsche, a outra de Kant. A primeira sustenta que a vida não vale a pena ser vivida senão na proporção da sua intensidade. Litiga por um crescimento incessante dos instintos ou forças vitais. A segunda considera o alargamento do pensamento como uma prioridade: ele não é apenas o sinal de uma experiência maior ou de uma inteligência superior, mas também a condição de um maior amor, senão pelo mundo, pelos seres que o povoam. E é seguramente desse amor que nasce, em última instância, todo o sentido (FERRY, 2000, p. 242).

De acordo com o que debatemos até aqui, fica evidente a escolha de Ferry pela segunda opção: sendo o sentido da vida o amor, o passar do tempo e o envelhecimento não são motivos de perturbação ou aborrecimento do espírito humano.

A propósito da busca de sentido existencial ser ou não uma ilusão, Sponville apresenta-nos outras perspectivas, a começar afirmando que essa não é a questão correta, já que afirma que o sentido só existe para o sujeito, dotado de vontade.

Recorda-nos que a palavra "sentido" designa pelo menos três conotações, dizendo respeito à sensação, direção ou significado de algo. Assim, sentido de vida se trata da direção e do significado que a vida assume, o que ela quer dizer ou fazer – o que, para Sponville, implica uma vontade (explícita e consciente ou não): só há sentido onde uma vontade ou algo parecido intervenha, em que sentido e ação se complementam. Daí o sentido só existe para o sujeito, capaz de desejar, e através dele, sem nunca ser objetivo ou absoluto – isso iria supor a existência de um ser também absoluto, um deus, o que para Sponville seria uma contradição.

Se não existe sentido a não ser no mundo subjetivo, como eu acredito, e se entendemos por mundo o conjunto de tudo o que existe objetivamente, independente de qualquer sujeito que seja, é preciso concluir daí que não existe sentido do mundo, nem mesmo no mundo – com a única exceção, mas ela é certamente considerável, dos significados ou intenções que nós fazemos nascer nele (SPONVILLE, 2000, p. 244).

Para Sponville, só há sentido se houver humano, ou um ser capaz de desejar e ter vontades. Já quanto aos significados, concorda com Freud que nem sempre sejam conscientes, de modo que o sentido está diretamente ligado a alguém dotado da sensibilidade de sentir – o que pode incluir também outras espécies animais.

Em contrapartida, Sponville recorda que também não há sentido sem o outro: o sentido da vida supõe exterioridade e alteridade, uma relação com o que não o "eu". A palavra significa não o objetivo que nomeia, mas uma ideia. O sentido de um ato ou de um símbolo não são eles em si, mas outra coisa: o sentido remete à direção do que não se é, mas para onde se dirige. Desse modo, o sentido da vida só pode ser qualquer coisa que não a vida – ou seja, a morte. Assim, ou o sujeito se volta à religião, a qual vê outra vida na morte, ou mergulha no que ele chama de absurdo, no qual se encara a vida como um vazio, um nada. Mas não por isso acredita que seja o caso de a pessoa se voltar à tristeza, pois o absurdo só seria triste àquele que procura por um sentido; não ver sentido além do absurdo pode dar contentamento a quem reside, ama e transforma o real, fazendo do próprio absurdo seu motivo para felicidade.

Do mesmo modo, se o sentido aponta para o outro, para a falta, ele afirma que o sentido do presente nunca o é em si, mas é o seu passado (interpretado) ou seu futuro (ação). Usa a máxima de que o tempo é o sentido da vida – ainda que este também nos escape. De todo modo, o sentido presente é sempre ausente, deixando a vida fluir entre esperança e nostalgia, sempre ausente, dividindo e separando a pessoa de si mesma. O sentido da vida, nesse caso, vai estar na promessa que se faz na direção do futuro, ao mesmo tempo que se lembre do passado: "O sentido está sempre em outro lugar; a verdadeira vida (...), sempre presente. Sentido é ausência; sabedoria, é presença" (SPONVILLE, 2000, p. 247).

Nesse ponto, Sponville se questiona o que fazer com a falta de sentido, e sua melhor resposta é que sabedoria é não colocar a busca do sentido em primeiro lugar, mas no seu devido lugar – o lugar de indicar o que ele designa, ou seja, o real. Para ele, nada que realmente importa na vida tem sentido: mundo, humanidade, Deus, filhos; ao contrário, afirma que é porque amamos o que nos importa que nossa vida ganha sentido – é a prioridade que ganha um sentido ético: "O problema não é o de saber se a vida tem um sentido, nem qual, mas o que, na vida, é susceptível de tê-lo ou, sobretudo, de dá-lo" (SPONVILLE, 2000, p. 247).

Dessa forma, conclui que a vida não tem sentido em si mesma que não a morte (pois não há sentido absoluto), ainda que a vida ganhe sentido quando colocada à serviço de algo, seja uma causa, uma verdade, um projeto ou outra pessoa: "O sentido não é tudo, e não é o essencial: o sentido não é senão um meio para aceder ao real, que não os tem e que os contém a todos" (SPONVILLE, 2000, p. 249). O amar dá-lhe tal sentido: o amar pelo que é, e não pelo que o objeto amado significa, já que o sentido está a serviço do real, e a ele nos remete.

Sua posição afirma a inexistência de valores em si ou imperativos absolutos, mas tudo está ordenado em relação ao amor que se dedica a um objeto – não que o amor seja o absoluto que nos falte: ele está relativo ao desejo, corpo e história, só existe na relação com o outro e com a finitude, como uma parte do real, ordenando apenas na sua dimensão de realidade. Assim, afirma que "Não é o sentido que é amável; é o amar que faz sentido" (SPONVILLE, 2000, p. 250).

Sua ideia final é que não existe sentido absoluto nem para o indivíduo nem para a humanidade, mas nem por isso a vida é absurda:

para ele, absurdo somos nós a buscar o sentido absoluto para a vida, relativa e passageira sempre. Sponville afirma um sentido relativo a cada ação humana em seus desejos e quereres. Não que a busca de sentido seja ilusória – ela agrega compreensão e ação –, mas crer que o sentido absoluto seja como causa, objeto e destino da busca (como nas religiões) é, para ele, a ilusão. "O sentido não é para procurar, nem para encontrar; é para produzir, para inventar, para criar" (SPONVILLE, 2000, p. 251).

III. Jesus e Buda: a questão da esperança e do desapego para a felicidade e para a sabedoria

Há uma conhecida oposição entre cristianismo e budismo, em que o eixo central é o tema da esperança: enquanto ela é a fonte da infelicidade para o budismo, jogando para o futuro a possibilidade de felicidade (tirando-a do presente), para o cristianismo a esperança é virtude. Sem serem religiosos, Ferry e Sponville percebem afinidades em suas ideologias com essas tradições religiosas: humanistas transcendentais. Ferry vê elementos do cristianismo nos quais se reconhece, ao passo que Sponville, materialista, se percebe em aspectos do budismo. Nesse compasso, a discussão que estabelecem é acerca do conteúdo dessas mensagens religiosas num universo pós-religião, como contribuem para desenvolvimento da sabedoria (ou de uma espiritualidade laica), e quais legados da concepção do amor e da compaixão – para o que, obviamente, divergem.

Sponville abre a discussão confessando que, para si, o desespero foi antes uma emoção existencial, estética e espiritual, do que um pensamento: da alegria, do belo, de Deus, não sabia o que se podia esperar. Partindo de Espinosa, recorda que não há esperança sem medo e temor – e isso traz o desespero.

Afirma que a esperança é um desejo, ainda que nem todo desejo seja esperança: a esperança projeta ao futuro o desejo sem, no entanto, se reduzir a ele. Em sua definição de esperança, aponta três fatos. Primeiro, a esperança aponta um desejo referente a algo que não se tem, a uma falta do seu objeto, desejar sem o gozo do prazer de encontrar. Além disso, a esperança também se pode referir a algo passado ou presente, como uma expectativa sobre um estado ou circunstância da qual não se sabe o resultado – ou seja, para Sponville, esperança e conhecimento não se encontram nunca, a esperança é inversa ao grau de conhecimento que se tem de um fato: "Uma esperança é um desejo sem o qual ignoramos se é ou será satisfeito: esperar é desejar sem saber" (SPONVILLE, 2000, p. 276). Na maioria das vezes, entretanto, ela se volta ao futuro, que é por excelência objeto de ignorância – desaparecendo a ignorância, desaparece a esperança. Por fim, o autor aponta que a esperança se refere também à falta de confiança, quando não se tem um projeto, uma intenção ou uma vontade, quando não há um desejo certo ao futuro (como uma agenda ou compromisso), e o que resta é a esperança: "uma esperança é um desejo cuja satisfação não depende de nós: esperar é desejar sem poder" (SPONVILLE, 2000, p. 277). Isso diferencia esperança de vontade e intenção. Sendo assim, Sponville conclui esperança como falta, ignorância e impotência.

> Isso nos permite dar-lhe a seguinte definição: esperança é um desejo que diz respeito ao que não temos, ou que não é (uma falta), o qual ignoramos se é ou será satisfeito, finalmente cuja satisfação não depende de nós: esperar é desejar sem gozar, sem saber sem poder (Sponville, 2000, p 277).

Sponville não renuncia à relação com o futuro, nem sugere que seja sábia a vida sem perspectivas, reduzida ao instantâneo do presente. Ele nos afirma como seres de duração, com história, memória e passado na condição humana, e com inclinação ao futuro, projetos e agendas. Sua ideia nesse sentido é de viver presente, mas não só no momento: fala de mudar a relação com o futuro, transformando a esperança em vontade, prudência, paciência, confiança, compreendendo que toda resolução ou previsão só existe no presente (uma relação de previsão, potência e gozo antecipado pelo imaginário). Sonhar, imaginar, programar é, para ele, a alternativa a esperar, o que, como para o budismo, é uma infelicidade. Antes, a confiança e antecipação nos causam bem e vencem a esperança, porque para ele o que nos faz agir é a vontade – e não a esperança.

Para Sponville, a inação é um dos perigos da esperança – inclusive na esfera política, seja com utopias ou fanatismo, massacres de cunho político-religioso ou desmobilização dos povos. Para ele, esperança não é suficiente para vontade e ação – e só a ação pode ser transformadora da realidade. Em sua opinião, esperança não cria emprego, inclusão ou crescimento, mas sim a compreensão, a vontade, a previsão e a atitude. Para ele, esperança se aproxima da demagogia.

A sabedoria, nesse caso, encontra morada na pessoa que deixa de esperar o futuro ou que a vida (finita, incompleta e impermanente) o preencheria. Não se trata, então, de esperar o desespero, mas de "desesperar do próprio desespero" (SPONVILLE, 2000, p. 281), ou seja, de não esperar nada e se contentar em viver o real como ele é: miserável e precioso. Questiona se o esforço para se libertar da esperança não seria defesa à angústia e, assim, à própria vida, por meio da melancolia; mas afirma que não se trata aqui de se fechar no desespero, mas de buscar beatitude.

> Compreendi melhor, com o tempo, que isso não se decreta, não se ordena, que não saberíamos amputar-nos vivos da esperança (ela está presente, inevitavelmente, a partir do momento em que nós desejamos sem saber, sem poder, sem gozar: quase sempre!), em suma, que se trata mais depressa de aumentar em nós a parte de poder, de conhecimento, de gozo, e de deixar a esperança e o temor ao seu destino vulgar de paixões, que é preciso também aceitar (SPONVILLE, 2000, p. 282).

O desespero ainda permanece. Para ele, nós o habitamos. É parte do tempo, do mundo, até da felicidade ou de sabedoria: não esperar nada, nem saber, nem poder, nem prazer, mas encontrar gozo naquilo que se deixou de desejar, de se ter esperança.

Assim, Sponville percebe sua Filosofia a escandalizar o cristianismo, que tem a esperança como virtude teologal. Porém, também afirma que não é só o budismo que tem a ideia de sabedoria no desespero, mas que esse é um lugar comum da sabedoria oriental, bem como nos estoicos ocidentais. Menos como doutrina, é a ideia de uma experiência existencial: aquele que é feliz, não tem esperança de ser porque já o é, e se tiver a esperança de que sua felicidade dure, já findou, pois está vivendo o medo e angústia de sua perda.

A própria esperança separa o indivíduo da felicidade, e só se pode viver e habitar tal felicidade na dimensão do absurdo e da capacidade de suportar o desespero diante dele. Dito isso, Sponville afirma que tal sabedoria não é nem budista nem cristã, mas humana.

> Se acentuarmos o futuro, a religião não é mais do que uma esperança dogmática, que nos separa da verdadeira vida. É o ópio do povo e dos fracos. Mas se insistimos, pelo contrário, no presente, ela diz o essencial do que cada um deve acreditar ou compreender e naturalmente mais vale compreender-se se quer aproximar, aqui e agora, da sabedoria ou da salvação (SPONVILLE, 2000, p. 284).

Se junto à fé e caridade, a esperança é virtude teologal para o cristianismo, não é a maior virtude dessas três para essa religião de força moral, espiritual e civilizadora para o Ocidente. Sponville aponta a afirmação Paulina de que o Amor/Caridade (Ágape) não passará, pois, segundo Agostinho, no "Reino" nada haverá o que esperar ou acreditar. Em seu ateísmo, Sponville então afirma: aqui e agora estamos dentro do Reino de Deus – a eternidade é agora. Para ele, não há o que esperar e crer, porque tudo é para amar.

> Por fim, podemos, portanto, tomar Cristo como modelo, uma vez que ele é o mestre entre nós, sem renegar nessa medida o Buda, que esclarece de mais longe, e sem esquecer sobretudo aquilo que

os aproxima, que São Tomás, sem pensar nisso, enunciava tranquilidade: Cristo nunca teve nem a fé nem a esperança, e, contudo, era de uma caridade perfeita (Sponville, 2000, p. 285).

Para ele, a eternidade é, hoje, lugar onde desespero e beatitude se encontram na simplicidade e paz da felicidade, sem nada esperar, pois tudo é presente. Sua sugestão para vida sábia é cultivar menos esperança e mais amor, não para nós voltarmos à tragédia e angústia, mas para viver o que nos salva; nos faz crescer.

Luc Ferry, de outro modo, avisa que seu "kantismo revisitado" seria comparado a uma secularização do cristianismo – desde que com grifo ao significado "secularizado", uma vez que acredita que a filosofia moderna essencialmente decorre da laicização das grandes questões religiosas, que ofereciam (e, para ele, ainda oferecem) uma via de reflexão sobre sabedoria e sentido. Contudo, Ferry aponta aspectos distintos nessa tarefa entre duas grandes tradições religiosas, o budismo e o cristianismo. Se quisermos perceber as implicações de uma escolha possível, é preciso sabermos também preservar a identidade dos termos em presença (FERRY, 2000, p. 287).

Primeiro, Ferry aponta que, além de não ser erudito em budismo, há uma diversidade tão grande entre obras e tradições nessa religião, que isso dificulta a identificação de uma ideia essencial. No entanto, vê na tradição tibetana do budismo um acento de distinção com o cristianismo, uma divergência significante que merece a atenção do debate contemporâneo.

Resume como pilares do budismo tibetano três pontos, a saber: 1) o sofrimento derivado do apego; 2) o desespero e 3) a crítica do eu. Nesse sentido, Ferry desenvolve a lógica de que o apego a coisas, pessoas ou circunstâncias de fato é imprudente, já que nada na existência é permanente e a mudança é a regra da vida. Assim, explica, para o budismo a pessoa deve passar a vida dedicada ao ideal de libertar-se do desejo e de vontades em relação aos bens e relacionamentos, bem como reconhecer e enfrentar as infelicidades, a fim de se desapegar e tolerar os sofrimentos. Contudo, tal atitude não é a indiferença ao que rodeia a existência; antes, é serenidade. Ou seja, a desconstrução do "Eu" é o requisito fundamental aqui, uma vez que o ego é o responsável pela fé ou esperança de posses afetivas, gerando medo e sofrimento. Ferry entende que, para o budismo, "... a personalidade, a crença na individualidade única e insubstituível de cada pessoa é a ilusão por excelência, e acontece que o Ocidente Moderno, o Ocidente individualista, assenta completamente nela" (FERRY, 2000, p. 289).

É justamente aqui que se encontra a diferença essencial entre essas duas grandes cosmovisões: o cristianismo parte da ideia de que cada ser humano possui pessoalidade, singularidade, e nessa sua alma se encontra sua dignidade e sua identidade como imagem de Deus.

Enquanto o desapegar e "des-esperar" é o ápice da sabedoria no budismo tibetano, condição da felicidade autêntica, o cristianismo prega o oposto. Ferry ressalta o que já nos apresentou antes: esperança existe em relação ao que não tem, não se sabe nem se pode – ela nos coloca em tensão negativa e prejudica o presente ao nos remeter à preocupação com o futuro, pelo preço da perda de viver o momento presente. Sendo assim, para que, ainda hoje, o cristianismo nos convidaria a viver na esperança?

Primeiramente, porque crê convictamente no valor absoluto da alma pessoal; depois porque crê numa vida eterna: se o eu é a verdade última na existência, e não mera ilusão, é coerente que este tenha esperança. Enquanto o budismo prega o amor impessoal e a compaixão universal, o cristianismo estimula o amor, não só universal, mas também personalizado e autêntico, sem obsessões, mas com caráter salvatório.

Nesse ponto, em que demonstra que a dignidade absoluta do eu pessoal está na esperança e no amor para o cristianismo, Ferry compreende o motivo pelo qual tal religião choca o mundo laico, enquanto o budismo se alinha a ele: a promessa de ressurreição.

A adesão à palavra de Cristo supõe, portanto, um ato de fé, uma confiança propriamente falando cega, que apenas o discurso religioso exige ainda do ser humano. Ora, esse tipo de argumento de autoridade opõe-se a toda a ideologia democrática (FERRY, 2000, p. 291).

Dessa maneira, aponta que o budismo encontra menos dificuldades que o cristianismo para envolver o universo moderno, uma vez que esse alinha-se com a ideologia predominante no Ocidente laico contemporâneo:

> Em lugar de fornecer uma resposta a partir da revelação divina, o budismo deixa a questão da (reencarnação) aberta, em suspenso. Assim o é também para a existência de Deus (CARRIÈRE apud FERRY, 2000, p. 292).

Enquanto o cristianismo apela à verdade revelada, o budismo recorre à liberdade da consciência do indivíduo. Contudo, Ferry questiona essa segunda visão:

> Eu não posso nunca coincidir com o ponto de vista em nome do qual o desespero é legitimado (...). O que vale um tal ponto de vista, a partir do momento em que ele próprio é colocado por uma consciência humana (e por quem mais o seria ele?). E como é que um eu se poderia desembaraçar sem contradições das "ilusões" do eu? (FERRY, 2000, p. 292).

É impositivo à secularização desses discursos religiosos refletir além das figuras de esperança e desespero. Primeiro, afirma Ferry, porque não se acessa mais o presente, jamais o além. Segundo porque, apesar do bom e belo, ele nos traz o mundo tal como é o ideal na realidade da vida comum, cheio de apegos e erratas.

Considerações finais

O diálogo sobre ética e espiritualidade laica entre Comte-Sponville e Luc Ferry diz respeito a viver e transformar o mundo na realidade contemporânea, sem perder a fidelidade com o Iluminismo que, de diferentes modos, lhes orienta a visão.

A princípio, o que seria a modernidade? Tudo o que se ergue da emergência do mundo democrático e da sua separação com o religioso, tudo o que participa do desencantamento do mundo. E aqui, o debate se propõe pensar a modernidade com mais luz, felicidade e espírito: trazer sabedoria.

A pressa do mundo contemporâneo, a recusa do sofismo e do niilismo, a perplexidade com a Filosofia contemporânea são os temas que, para ambos, importam no existir e coexistir, ainda que no conflito entre suas visões filosóficas opostas: materialismo e idealismo, monismo e dualismo, naturalismo e humanismo, estruturalismo e existencialismo, imanência e transcendência. Por fim, interar-se desse debate entre os dois é conhecer a posição entre tradição cristã (espiritualidade da pessoa, transcendência e esperança) e tradição budista (espiritualidade da dissolução do ego), traduzidas em posicionamentos filosóficos bem argumentados e fundamentados.

Numa discussão que considera a oposição entre relativismo e universalismo (moral), ambos os filósofos pontuam seriamente problemas atuais das nossas sociedades democráticas contemporâneas: arte (estética), mídia e política, além de questionarem qual a possibilidade de encontrar alguma sabedoria com a superação da religião e para além da moral.

A vida boa, finalidade última da Filosofia, ou seja, a felicidade, é, no fundo, a questão fundamental da vida – e aqui suas reflexões apresentadas neste texto nos levam a perguntar como a moral, as crenças e até mesmo a Ciência nos seriam suficientes para alcançar a sabedoria e a felicidade. Nem a moral nem a Ciência nos dizem se a vida merece ser vivida, nem o que lhe dá valor, ou mesmo sentido:

não há contentamento com o conhecer, nem com o dever; não há felicidade, sabedoria ou espiritualidade em saber e dever unicamente. Com este debate podemos refletir que a questão da espiritualidade é uma questão de ética, mas a moral não é a questão essencial do combate ao mal (em si ou no outro): obediência e negação do prazer também não trazem sentido à vida, mas perda dos seus encantos, como a liberdade e/ou o amor. Assim, o que se consolida ao fim deste texto é respeito às tradições religiosas com uma discussão do ateísmo como conceito, como expressão religiosa pessoal e social, e como proposta de crença filosófica que ofereça sentido de vida e identidade ao sujeito.

Referências bibliográficas

BAUMAN, Zygmunt. *Modernidade líquida*. Rio de Janeiro: Zahar, 2003.
COMTE-SPONVILLE. *Tratado do desespero e da beatitude*. Rio de Janeiro: Martins Fontes, 1997.
_____. *A felicidade, desesperadamente*. Rio de Janeiro: Martins Fontes, 2000.
_____. *O espírito do ateísmo*. Rio de Janeiro: Martins Fontes, 2007.
_____. *Pequeno tratado das grandes virtudes*. Rio de Janeiro: Martins Fontes, 2009.
DE FRANCO, Clarissa; PETRONIO, Rodrigo. *Crença e evidência. Aproximações e controvérsias entre religião e teoria evolucionária no pensamento contemporâneo*. São Leopoldo/RS: Ed. Unisinos, 2014.
_____; RODRIGUES-CÂMARA, Cátia Cilene. Espiritualidade laica na contemporaneidade. Ateísmo de concessão entre a racionalidade e a celebração emocional: o caso da Sunday Assembly. In: Anais do V Congresso da ANPTECRE. Religião, Direitos Humanos e laicidade. Curitiba, 2015, p. ST0802, v. 5.
FERRY, Luc. *O que é uma vida bem-sucedida?* São Paulo: Difel, 2004.
_____. *Aprender a viver*. Rio de Janeiro: Objetiva, 2006.

_____. *O homem-Deus: ou o sentido da vida*. São Paulo: Difel, 2010.

_____. *A revolução do amor: por uma espiritualidade laica*. Rio de Janeiro: Objetiva, 2012.

_____; COMTE-SPONVILLE, André. (1999) *A sabedoria dos modernos*. São Paulo: Martins Editora, 1999.

LYOTARD, Jean-François. *O pós-moderno*. Trad. Ricardo Corrêa Barbosa. Rio de Janeiro: José Olympio, 1986, p. 123.

MINOIS, G. *Histoire de l'Athéisme. Les incroyants dans le monde occidental de origines à nos jours*. Paris: Fayard, 1998.

SILVA, Lorena Bandeira. Correlações entre sentido de vida e espiritualidade em sujeitos ateus. In: Anais do XIV Simpósio da ABHR. Juiz de Fora, MG, 2015.

VALLE, Edenio. Religião e ética no neoateísmo contemporâneo: Um primeiro balanço crítico. 3º Colóquio Luso-Brasileiro de Ciências da Religião e da Filosofia da Religião. Universidade Católica Portuguesa. Braga, Portugal, 2012.

CAPÍTULO VI

O DEBATE ENTRE LUC FERRY E MARCEL GAUCHET APONTAMENTOS PARA COMPREENDER OS ATEÍSMOS CONTEMPORÂNEOS. CONVERGÊNCIAS, DIVERGÊNCIAS, COMPLEMENTAÇÕES

Fatima Regina Machado

Introdução

Transformações características da chamada *pós-modernidade* fazem com que o caminhar guiado por teorias éticas (mas não pelos interesses morais dos tempos modernos) pareça um tanto "desgovernado" perante especialmente a crise das grandes narrativas.

De acordo com Jean-François Lyotard (1986), essa crise se referiria ao descrédito que se instalou em relação às grandes explicações que eram consideradas fundamentos da vida, do mundo, da história e das perspectivas de futuro. Dentre essas "grandes narrativas" – assim percebidas *a posteriori*, posto que foram anteriormente consideradas como *estrutura última da realidade* – encontram-se:

- as diversas religiões (em especial o cristianismo para o mundo ocidental, que se pretendia detentor da verdade sobre Deus e

tudo que diria respeito à dimensão transcendente e aos códigos de conduta para o bem viver);
- o marxismo (que explicaria universalmente as relações sociais com base nas relações de trabalho);
- o Iluminismo (com a expectativa de obtenção de conhecimento objetivo e inequívoco pela razão por intermédio do método científico).

Como afirma o sociólogo Juremir Machado, baseando-se nas ideias de Lyotard, "o núcleo da pós-modernidade... é a negação de qualquer fundação. Não há *um real realmente real*, mas unicamente narrativas que estruturam a realidade" (MACHADO, 2014, *on-line*). Essa condição, descrita por Lyotard e ratificada por Machado, seria a causadora ou configuraria a *modernidade líquida*, assim nomeada pelo sociólogo polonês Zygmunt Bauman (2003) ao se referir especialmente aos efeitos da pós-modernidade, ao mesmo tempo que delineia suas características. A liquidez das ideias e das relações é o reflexo da perda ou do evanescer das supostas verdades absolutas. O futuro fica à nossa frente como algo obscuro, totalmente desprovido de regularidade passível de previsão. O ser humano é, assim, lançado à sua sorte, cabendo-lhe totalmente a tarefa e a responsabilidade por suas escolhas e seu destino. Trata-se de um novo humanismo, com o mesmo contorno do humanismo de meados do segundo milênio, mas com meandros característicos da nossa contemporaneidade. As relações tornam-se amorfas, no sentido de não serem moldadas por códigos previamente estabelecidos pelas antes supostas *estruturas últimas da realidade*. Instala-se, então, um ceticismo perante o mundo, um desencantamento que permeia todas as esferas da vida. Esse cenário é por vezes associado à morte do ético, à emancipação última, sendo a ética denegrida como supérflua, desnecessária, uma constrição tipicamente moderna, limitante e, atualmente, sem valor.

Nessa linha talvez "mais pessimista" de pensamento, o filósofo francês Gilles Lipovetsky (2004), teórico da chamada *hipermo-

dernidade ou *segunda modernidade*, sugere que estaríamos numa era pós-deontológica, pois ter-nos-íamos libertado dos deveres infinitos, de mandamentos e obrigações absolutos. Desse modo, os comportamentos sociais viriam se transformando drasticamente devido a três aspectos ou fatores fundamentais da modernidade "amplificados" a partir da globalização[1] da década de 1980: o mercado, o indivíduo e os avanços técnico-científicos. Lipovetsky aponta que, nesse contexto, as pessoas não são estimuladas à busca de ideais e ao cultivo de valores morais; há uma deslegitimação da ideia de autossacrifício, uma "falência" das utopias e a transformação dos ideais em "pragmática", sem excessos. Numa era caracterizada pelo individualismo e pela busca da boa vida limitada apenas pela exigência de tolerância, instaura-se a indiferença, que resultaria da soma da tolerância ao individualismo autocelebrativo livre de escrúpulos. Conquistou-se mais liberdade, mas essa liberdade é extremamente angustiante e, de modo paradoxal, o indivíduo se torna ao mesmo tempo mais autônomo e mais frágil.

Bauman, por sua vez, chama a atenção para o fato de, na verdade, estarmos testemunhando não uma morte ética, como interpreta Lipovetsky, mas o surgimento de uma abordagem pós-moderna da ética, baseada na rejeição da maneira tipicamente moderna – regulamentação normativa coercitiva – de tratar os problemas morais e os dilemas éticos. Os questionamentos decorrentes da crise das grandes narrativas se apresentariam, então, envoltos em jogos de palavras e tentativas de traduzir ou ressignificar as questões

---

[1] *Globalização* é o nome dado ao processo de integração econômica, cultural, social e política decorrente da busca de novos mercados e consequente intercâmbio entre sociedades diversas. Esse processo pode ser verificado ao longo da história da humanidade a partir do encontro entre culturas num ritmo mais lento a princípio, mas intensificado conforme foi ocorrendo o desenvolvimento tecnológico que propiciou locomoção e comunicação mais rápidas. O vertiginoso desenvolvimento e democratização de novas tecnologias comunicacionais, especialmente a partir da década de 1980, acelerou esse processo que hoje está estabelecido como um fenômeno mundial.

últimas da existência humana, como modos de lidar ou enfrentar as incertezas do nosso tempo presente.

No cenário brevemente descrito, fazem-se presentes de modo inescapável, dentre outras questões que se avolumam, reflexões a respeito dos caminhos que seguem as religiões, o sentimento religioso e a religiosidade. A condição atual parece ensejar dois dados da realidade: (1) o crescente número de ateus e dos sem-religião que os censos e *surveys* têm evidenciado nos últimos tempos;[2] e (2) o adensamento de adesão a religiões cujos adeptos se avolumam em grandes ou pequenos templos, em especial pedindo graças relacionadas aos bens materiais, como é o caso de denominações neopentecostais, por exemplo.[3]

Este capítulo traz reflexões sobre os encaminhamentos atuais da religião – ou, mais precisamente, do fenômeno religioso – com vistas a buscar subsídios para compreender de modo mais específico os posicionamentos ateístas contemporâneos. Em meio às muitas vozes que debatem o fenômeno religioso na atualidade, encontram-se o filósofo Luc Ferry e o filósofo e historiador Marcel Gauchet, ambos franceses. A partir de perspectivas específicas, Ferry e Gauchet dialogam refletindo a respeito das metamorfoses modernas da cultura no sentido de uma reinvenção contemporânea da humanidade em diferentes aspectos, com olhos voltados ao que se poderia chamar de declínio ou "saída da religião". É a partir dos pensamentos de Ferry e Gauchet que serão feitas as reflexões propostas para este capítulo.

Vale ressaltar que os posicionamentos de Ferry e Gauchet circunscrevem-se aos contextos europeus e basicamente cristão,

---

[2] O censo brasileiro de 2010, feito pelo IBGE, mostra o crescente número dos que se autodeclaram ateus e sem religião. Em 1960, esse grupo somava 0,6% da população, enquanto os católicos apostólicos romanos eram 95%. Em 2010, já a porcentagem de ateus foi de 8% e a de católicos, 65%.

[3] De acordo com os números apresentados pelos censos brasileiros realizados pelo IBGE, o número de evangélicos aumentou de 4%, em 1960, para 22,2% em 2010.

focando em especial o Ocidente e, mais especificamente ainda, o contexto francês, a partir de onde ambos falam. Esse recorte limita a amplitude das discussões que não podem ser validadas ou aplicadas a outros contextos, como às sociedades orientais e ao mundo islâmico. Mas possibilitam aguçar o olhar para questões prementes do mundo ocidental, pelo menos em certa medida.

Antes da contraposição e da discussão das visões de Ferry e Gauchet, cada um é apresentado individualmente, de modo a dar a conhecer seu pensamento sobre a dinâmica social do fenômeno religioso na contemporaneidade. Posteriormente, ambos são confrontados, em particular a partir do debate travado entre esses pensadores na década de 1990 (FERRY; GAUCHET, 2008).

Ferry e o "resgate do religioso"

Nascido em 1951, na França, Luc Ferry formou-se em Filosofia pelas Universidades de Sorbonne e de Heidelberg, tendo obtido seu grau de doutor em Ciência Política pela Universidade de Reims. Além de ter sido professor de Filosofia, participou da Comissão de Reforma da Justiça (1997), foi membro do Comitê Consultivo Nacional de Ética francês (2009) e ministro da Juventude, Educação Nacional e Pesquisa (2002 a 2004), ocasião em que se tornou conhecido pela polêmica decisão de proibir símbolos religiosos nas escolas públicas francesas. É defensor da laicidade, sendo um militante do humanismo secular. Seus livros *O homem-Deus: ou o sentido da vida* (1996/2010), *A sabedoria dos modernos* (1999, em coautoria com André Comte-Sponville) e *Aprender a viver* (2006) receberam os prêmios Droits de l'Homme, Ernest Thorel e Aujourd'hui respectivamente.

Em *O que é uma vida bem-sucedida?* (2004), Ferry faz um apanhado de sabedorias antigas, pautadas no transcendente e na harmonia exemplar da natureza como parâmetros para os modelos de vida considerados ideais. Naquele contexto, o sagrado fornecia sentido à existência e especialmente a grande narrativa religiosa cristã pretendia dar conta das questões últimas no Ocidente. Apesar do aspecto dominador da imposição dessa narrativa para a configuração da ordem das coisas, Ferry ressalta que havia nela uma beleza e profundidade que não podem ser ignoradas, bem como seu poder organizativo da realidade. A respeito dos textos religiosos, ele afirma que "... frequentemente, os textos religiosos são, por seu conteúdo, mais ricos e interessantes que os textos filosóficos" (FERRY; GAUCHET, 2008, p. 85).

No entanto, na passagem da Idade Média para a Idade Moderna, a grande narrativa cristã (que Ferry chama genericamente de "religiosa") vai perdendo a credibilidade enquanto organizadora da vida. Outras grandes narrativas ocuparam o lugar de estruturadoras do mundo, mas sem substituir totalmente uma a outra, uma vez que há imbricação de modos de vida e pensamento no desenrolar da história da humanidade. Outros ideais foram sacralizados: a pátria, a ciência, a revolução social... Outras respostas para as indagações sobre o sentido da vida foram dadas. Esses ideais, contudo, também acabaram por entrar em crise extrema, dando lugar a um desencantamento do mundo, deixando em aberto as grandes questões humanas concernentes ao sentido da existência.

Ferry se debruça sobre as questões humanas hodiernas enfocando o estatuto atual da esfera religiosa enquanto fator de produção de sentido. Seu intuito não é o de apenas constatar as mudanças nos paradigmas que outrora regiam a humanidade, mas sim pensar como as antigas indagações ou inquietações se apresentam na contemporaneidade e seus efeitos na vida cotidiana.

Ao falar em *religioso*, Ferry recorre a Kant como fundador da moral sem se referir a Deus ou a qualquer princípio substancial transcendente ao humano:

> A moral é puramente fundada sobre princípios humanos – poderíamos mesmo dizer, humanistas. Contudo, por outro lado, é essa reviravolta que me parece fundamental para compreender a situação do religioso hoje em dia. O religioso se reintroduz no fi-

nal do percurso como horizonte das práticas humanas; é esse o sentido dos famosos postulados da razão prática, a ideia de que a moral não é fundamentada na religião, de que se ela o fosse seria um desastre – é, portanto, o fim do teológico-ético –, mas que, ao mesmo tempo, no horizonte de nossas ações morais não pode deixar de existir uma problemática religiosa... (...) Em outros termos, o religioso [refere-se à direção a que] a moral tende e o que é pensado a partir da autonomia das experiências individuais (FERRY; GAUCHET, 2008, p. 31-32).

A compreensão do atual estatuto do *fenômeno religioso* é feita por Ferry a partir de três conceitos-chave: sagrado, humanização do divino e divinização do humano. A partir desses conceitos, a contemporaneidade seria caracterizada, segundo ele, por dois processos entrecruzados: a humanização do divino e a divinização do humano, que trariam nova roupagem ao que se considera sagrado.

O processo de humanização do divino consistiria na reconfiguração da questão religiosa por meio da tradução dos conteúdos teóricos e práticos da religião para uma linguagem humanista. Assim, o ser humano, figura principal, seria considerado um homem-Deus, o que marcaria concomitantemente o processo de divinização do humano. É importante ressaltar, contudo, que, ao falar em divinização do humano, Ferry não está recorrendo à religião propriamente. Ele fala no conceito de divino referindo-se ao sentimento de absoluto com múltiplas faces: a noção de transcendência na imanência é múltipla, percebida por meio da experiência moral, estética, do amor, da verdade... Tratar-se-ia de um novo humanismo, que deposita no ser humano finito e mortal os meios de sua justificação, salvação e grandeza.

Ferry considera que o reinvestimento no vocabulário religioso para tratar dessas questões é inevitável. Isso não significa que ele esteja defendendo a religião tal qual ela se apresentava e com a função que exercia anteriormente. Ele não pretende ficar preso ao debate reduzido à "morte de Deus" *versus* " retorno da espiritualidade". A questão é muito mais complexa do que essa leitura polarizada. Ferry pensa não ser necessário "inventar" novas palavras para dar conta da descrição ou discussão do processo que vivenciamos. Defende que o vocabulário religioso é histórico, quase mitológico, e representa muito significativamente predisposições ou condições que viabilizam o sentimento ou o fenômeno religioso. Nesse sentido, aproximando o atual estado de coisas daquilo que se tem como referencial religioso de outrora, Ferry pretende desvendar os meandros do processo pelo qual passou a religião, como isso se encaminhou para o que testemunhamos na atualidade e suas possibilidades de desenvolvimentos futuros, considerando os valores que regem nossas ações e um quê de mistério que permanece naquilo que elicia nossa humanidade. Há, assim, no pensamento de Ferry, uma certa continuidade no processo de transformação do religioso na sociedade.

Ferry aponta a existência e prevalência de uma transcendência na imanência. Nas palavras de Ferry:

... a noção de transcendência não é redutível à de heteronomia ou de dependência radical. Na história da filosofia há... ao menos... duas grandes definições de transcendência. Em primeiro lugar há a transcendência tal como ela existe a montante da consciência humana, *antes* e *acima* dela. É a transcendência da Revelação... (...) Mas há uma outra figura da transcendência que, a meu ver, não é menos transcendente do que a primeira – e é sobre ela que deve incidir o debate. Em certo sentido, penso que ela não é menos religiosa: acho mesmo que ela designa precisamente a verdade das religiões. Trata-se de uma segunda forma de transcendência, de uma transcendência que não está a montante da consciência humana, mas, ao contrário, a jusante das experiências vividas, que não está, portanto, situada estruturalmente no passado, e sim no futuro: uma transcendência que corresponde àquilo que Husserl designava como "transcendência na imanência", isto é, o horizonte inevitável e incontornável de nossas experiências vividas, não só na ordem da verdade... mas também – e é claro que aqui se trata de uma metáfora – uma transcendência na ordem ética e, por que não, da cultura (FERRY; GAUCHET, 2008, p. 27-29).

A transcendência na imanência, assim, permite um reencantamento do mundo moderno que prega o individualismo autônomo, de onde emerge a transcendência horizontal (entre os próprios seres humanos), orientada ao futuro, como um horizonte a ser elaborado, diferente do futuro daquela transcendência vertical (ser humano-Além) que imperava no domínio da religião institucionalizada.

Para fundamentar seu ponto de vista, Ferry (2004) recupera historicamente os tipos de ética que traduzem diferentes visões de mundo que nortearam a conduta humana ao longo dos tempos:

- a *ética cósmica*, na qual a humanidade é considerada a partir de "lugares" estabelecidos, dentro de uma ordem natural dada *a priori*, que obedece a uma lógica de funcionamento da natureza;
- a *ética religiosa*, dada a partir do divino que transcende o humano e que organiza a vida de acordo com papéis preestabelecidos de acordo com os planos de Deus, de modo a fazer o mundo funcionar tal qual seus desígnios preconizam;
- a *ética da razão*, que tem o ser pensante como centro e fonte de certeza e segurança;
- a *ética da desconstrução*, instaurada a partir da crise das grandes narrativas e que desnorteia o ser humano que fica "sem rumo" definido.

Nessa desconstrução desnorteadora dos sentidos, apontada no quarto item citado, é que se apresenta o novo humanismo, ambiente propício para os processos de humanização do divino e divinização do humano, na medida em que há uma transformação do que se pode considerar sagrado, ou seja, aquilo pelo qual o ser humano escolhe se sacrificar. No contexto individualista contemporâneo, Ferry (2012) afirma que apenas o amor às pessoas que de fato amamos leva ao autossacrifício.

Assim, o novo rosto do sagrado seria o da pessoa humana: os outros, especialmente, a família, os filhos, aqueles que nos são mais caros. O religioso estaria, então, fundado nesse sentimento de amor que impulsiona as ações. E, desse modo, haveria uma transposição do sentimento religioso de um transcendente para um imanente. Para Ferry, o religioso não é mais da ordem da heteronomia, da dependência radical, mas da ordem da transcendência na imanência (FERRY; GAUCHET, 2008, p. 31).

A partir dessas considerações, Ferry pondera que o mundo laico não seria tão hostil à transcendência como se poderia supor. O desbancar de Deus e da razão como centrais na constituição de sentido, dentre o conjunto de fatores que torna cada vez mais laica a população ocidental, abriu espaço para a busca de uma nova forma de espiritualidade, que Ferry reconhece como sendo constituída na própria sacralização por meio do amor. O sentido da existência teria sido, portanto, recuperado pelo amor, que é indicado por Ferry como sendo o novo grande princípio da existência humana, cerne daquilo que ele denomina *espiritualidade laica*. É o fator de revolução que permite o reencantamento do mundo, na contramão das teorias pessimistas que apontam para um esvaziamento dos valores no século XXI, tal como propõe Lipovetsky (2005), por exemplo. Nas palavras de Ferry,

> Hoje, no Ocidente, ninguém arrisca a própria vida para defender um deus, uma pátria ou um ideal de revolução. Mas vale a pena se arriscar para defender aqueles que amamos (...) Vivemos a revolução do amor, e essa é a melhor notícia do milênio (FERRY, 2012, p. XXX).

A proposta de Ferry se remete, assim, para um resgate do religioso no sentido de que ele realiza uma releitura das motivações humanas que fazem aderir a um sentido para a vida, despindo essa busca e o encontro de seus motivos de uma aura divina. Por outro lado, em sua divinização, em sua reflexão o ser humano também descobre a questão do divino, do mistério irredutível de uma transcendência em relação à natureza (diferindo da trivialidade da natureza animal, portanto, assumindo uma aura de sobrenaturalidade), e em relação à história (privando de uma transistoricidade, peculiar ao ser humano).

Quanto às respostas buscadas para os grandes dilemas humanos e para arrefecer o medo que cerceia a liberdade de viver e de amar, Ferry considera que atualmente o pensamento filosófico seria suficiente para dar conta de tudo isso. Nesse sentido, a Filosofia concorreria "metaforicamente" com as grandes religiões, sendo uma espécie de soteriologia – uma doutrina da salvação – eminentemente laica, permanecendo assim na esfera do humano.

Gauchet e o "abandono do religioso"

Nascido em 1946, Marcel Gauchet é um filósofo e historiador francês, diretor da École des Hautes Étude em Sciences Sociales do Centre de Recherches Politiques Raymond Aron. Fundou em 1980, juntamente com o também historiador francês Pierre Nora, o prestigioso jornal intelectual *Le Debat*, do qual é o editor. Dentre seus livros estão *Le Désenchantement du Monde* (1985), *La Religion dans la Democratie* (1998), *La Democratie Contre Elle-Même* (2002) e *La Conditions Historique* (2003). Sua obra não está traduzida ao português. Uma exceção é o livro *Depois da religião: o que será do homem depois que a religião deixar de ditar a lei?* (2008), em coautoria com Luc Ferry, fruto de um debate ocorrido no Collège de Philosophie, na Sorbonne, na década de 1990.

Gauchet adota um ponto de vista antropológico-histórico, numa abordagem primordialmente histórica, para pensar o momento atual no que diz respeito ao que ele caracteriza como "saída da religião". Diz explicitamente – e nisso está em acordo com Ferry – não se ater ao *falso debate* "morte de Deus *versus* retorno das religiões". Nesse debate polarizado, prevalecem as ideias antagônicas (1) de que a religião teria perdido seu papel como organizadora da vida, como estruturadora da sociedade – e, por isso, ainda que persista por um tempo, a religião estaria fadada ao desaparecimento, evidenciado pela crescente perda de adeptos pelo catolicismo, por exemplo; e (2) a permanência e o rever periódico da fé por motivos conjecturais, movimentos culturais e libertários, que preconizariam o retorno profético do religioso, o que, de fato, pode ser observado atualmente pelo crescimento de certos segmentos religiosos.[4] Para Gauchet, a verdadeira questão que se nos impõe é o que "subsiste de religiosidade para além do declínio social da religião" (GAUCHET apud FERRY; GAUCHET, 2008, p. 42).

Gauchet reconhece que haveria uma disposição da humanidade – um aspecto constitucional do humano – que difere da religião enquanto instituição fundada na heteronomia, mas que enseja a religiosidade e, em última instância, permitiu ou serviu de base para o surgimento da religião. Nas palavras de Gauchet (apud FERRY; GAUCHET, 2008):

> ... em qual disposição da humanidade se funda essa instituição que, de outro ponto de vista, responde a motivos políticos e sociais bem determinados? (p. 45).
> (...)
> ... há uma estrutura antropológica que faz com que o homem *possa* ser um ser de religião. Ele não é necessariamente. Ele pode sê-lo historicamente, durante a maior parte de seu percurso. Pode deixar de sê-lo, mas, nesse caso, esse potencial de religiosidade estará destinado a continuar (p. 46).
> (...)
> Tendo terminado, ao que parece, a era das religiões constituídas, o que ocorre com esse núcleo antropológico sobre o qual elas fizeram fundo? (p. 47).

Portanto, Gauchet assume que esse potencial ou disposição para o religioso – uma inclinação à busca de transcendência – permanece e continua a impactar a experiência ainda que haja declínio da religião. Ele não aposta exatamente no desaparecimento do religioso, uma vez que concorda que o cerne antropológico que o sustenta

---

[4] Para uma revisão do processo contínuo de retorno e afastamento do religioso e sua influência na construção da subjetividade, ver SANTI, 2005.

está destinado a se perpetuar, a permanecer e a encontrar outras expressões, recompondo-se fora da religião, num redefinir das experiências estética, imaginária, ética e de si mesmo (cf. apontado em GAUCHET, 1985).

Esse aspecto constitucional do humano residiria nas dimensões de invisibilidade e de alteridade que habitam o humano e o caracterizam: imaginar e projetar-se em pensamento para além daquilo que é acessível e poder dispor de si para outra coisa que não o si mesmo (experiência de alteridade). Esse seria o material primordial para a edificação das religiões. A origem disso permanece um mistério, um dado ainda por descobrir, um centro misterioso que constitui o humano.

Uma questão se impõe: até onde vai nossa capacidade para pensar nossa especificidade como seres humanos, ou seja, para desvendar esse mistério?[5]

Antes, a religião servia para "atualizar" esse potencial e dar conta da forma de lidar com esse mistério. Com o declínio ou "saída" das religiões, estaríamos vivenciando, de fato, o abandono do religioso, mas continuamos sendo confrontados com a experiência do desconhecido. Há um absoluto que resiste às reduções que pretendem relativizá-lo, ao qual Gauchet chama de absoluto terrestre, e para onde seria redirecionado o potencial referente ao cerne antropológico que sustentava o religioso. No entanto, ele alerta para o fato de isso não justificar a utilização de termos que se refiram ao religioso a fim de explicá-lo. O *absoluto terrestre*, diferentemente do *absoluto celeste* "oferecido" pela religião, seria uma espécie de terceira via, que escaparia da falsa alternativa entre um absoluto religioso e a relatividade demasiadamente humana. Marcando um desencantamento radical da religião, esse absoluto terrestre consistiria em "experiências profanas do religioso", algo que daria

---

[5] Essa questão vem sendo examinada pela perspectiva evolucionária (ver DE FRANCO e PETRONIO, 2014), aspecto que será discutido no texto de Massih, no próximo capítulo.

vazão ao potencial de busca de transcendência, ou seja, a busca de alguma experiência espiritual no sentido de acesso a outra ordem de realidade. Tratar-se-ia de um novo modo de ser metafísico sem reconhecer-se como metafísico – ponto em que aparentemente difere de Ferry, quando este fala em novas formas de sagrado. Como Gauchet (FERRY; GAUCHET, 2008) afirma:

> Insisto firmemente a respeito do absoluto terrestre. Não percebo claramente a necessidade de fazer dele um absoluto metafísico substancial. Ao contrário, não vejo esse passo suplementar senão como uma analogia inconsistente e enganadora, que nos proíbe pensar essa transcendência em seu verdadeiro mistério de autotranscendência sem exterioridade metafísica, nem doação sobrenatural (p. 57).

Gauchet aponta, assim, um *absoluto por si mesmo*, do qual não emergiria ou que não ensejaria nada divino. O absoluto terrestre, numa outra dimensão, se corporificaria na busca de transcendência de limites por meio do uso de drogas, da música, do transe, de superações (prática de esportes radicais, por exemplo) e da arte. Isso seria radicalmente diferente da religião institucionalizada, que implicaria uma posição de heteronomia, intimamente ligada a questões políticas, de poder, da dinâmica do Estado no estabelecimento de uma instituição, na busca não espontânea de consolo por meio da divinização de forças. Não estaríamos numa sociedade pós-metafísica, "e sim numa sociedade em que ela é opcional" (FACHIN; JUNGES, 2009). Portanto, para Gauchet, uma interpretação radicalmente não religiosa da transcendência seria possível. Ele aponta para a possibilidade de separação radical entre o ser humano e Deus. O ser humano não teria, portanto, uma natureza religiosa propriamente dita, não sendo necessário substituir o que é religioso por algo que cumpriria seu papel.

Para Gauchet, a chave de leitura para pensar essas questões reside no aprofundamento do problema da especificidade da natureza humana. Importa, para ele, descrever e buscar compreensão da situação inédita da humanidade depois que a religião sai de cena. Nesse momento há a grande chance de se pensar e dispor de forma organizada o que sempre foi delegado à religião, à luz do invisível que emprestava os contornos ao que é ser humano e como agir/pensar no mundo. Se antes o ser humano se definia a partir do que considerava sobrenatural, agora deve buscar o seu centro do mistério. Apesar da "retirada da sobrenaturalidade" referencial, permanece a *estrangeiridade* que estrutura o que há de único e enigmático no modo de ser. O ser humano tem experiências peculiares de amor e de ódio que testemunham o investimento nos outros – experiências de alteridade – fatos que constituem nossa humanidade. Não é necessário, contudo, pensar tudo isso no interior de uma tradução religiosa. Gauchet rejeita qualquer referência ao religioso, ainda que de modo análogo, para descrever o que ocorre atualmente. Nas palavras de Gauchet:

> O amor e o ódio são de fato experiências especificamente humanas e que envolvem a especificidade humana. (...) Nós nos aproximamos, com essas experiências, do centro misterioso que está na fonte da especificidade humana. É com esse cerne da especificidade humana que as religiões trabalharam historicamente – as religiões foram sua expressão maior no decorrer da história. Isso não nos condena a pensá-lo do interior de sua tradução religiosa. Creio, ao contrário, que estamos em condições de decifrá-lo fora das categorias do religioso. Penso que é possível e que é nossa chance de melhor nos compreendermos (GAUCHET apud FERRY; GAUCHET, 2008, p. 83-84).

Ferry *versus* Gauchet: apontamentos para reflexão acerca dos ateísmos contemporâneos

Ao confrontar o pensamento de Ferry e Gauchet, duas perspectivas podem ser assumidas. Uma é aquela proposta pelo próprio Ferry, de que haveria convergência entre suas ideias e as de Gauchet, sendo as aparentes discordâncias advindas de pontos de partida distintos para as respectivas interpretações da contemporaneidade. Tanto Ferry quanto Gauchet chegariam a uma mesma constatação – a mudança do cenário na esfera religiosa, com o declínio da religião –, mas com diferente compreensão e avaliação das consequências. Outra é a perspectiva de Gauchet, segundo a qual ambos tratam da saída da religião de modo muito distinto e distante.

Percebe-se claramente que Ferry percorre caminhos mais filosóficos em sua análise e proposição de leitura da *saída da religião* na contemporaneidade, enquanto Gauchet segue um viés mais histórico. Ambos concordam, de fato, em vários pontos ao lançarem um olhar à situação do religioso no contexto atual. Gauchet, no entanto, apesar de perceber alguma convergência – o diagnóstico da situação do religioso ou da religião na atualidade –, enfatiza que Ferry e ele têm interpretações diferentes para o corrente estado de coisas, mormente no modo de verbalizar/formular essa interpretação.

Ferry e Gauchet discordam em relação ao vocabulário usado para discorrer sobre tais questões. Para Gauchet, falar em *sagrado* e *divino*, como faz Ferry, é um erro fundamental, uma espécie de prática de "prestidigitação com as palavras". Protesta contra a elasticidade com que Ferry utiliza esses termos, uma vez que têm uma história de utilização que circunscreve seu significado a uma esfera bem específica da ordem do religioso. Gauchet defende que *sagrado*, por exemplo, tem enraizamento histórico e sua noção histórica deve ser respeitada. Seu significado está atrelado a uma experiência fundamental no contexto religioso, referindo-se a uma conjunção do visível com o invisível, do aquém com o além. Na visão de Gauchet, Ferry transporta elementos de um passado religioso para a ultramodernidade, numa espécie de *continuidade fictícia*, sendo que o uso que Ferry faz do termo sagrado configuraria um abuso metafórico.

De acordo com Gauchet, saímos da dimensão religiosa do sagrado, tendo ocorrido um processo de dessacralização que não pode ser "burlado" ou minimizado. Essa posição se explica pelo fato de Gauchet definir religião como algo da ordem da heteronomia, estruturalmente ligada à tradição, à política, às relações de poder. Ao longo do tempo, a religião perdeu essa função: se tornou crença pessoal (privada) e não estrutura mais o espaço público. Apesar de concordar com Ferry de que se pode pensar que haja uma condição primordial – um "potencial", um cerne antropológico, aspecto inerente ao ser humano – que ensejaria a religiosidade, a religião *per se* não se trataria de uma disposição natural do ser humano – hipótese investigada pela Psicologia Evolucionária –, estando indiscutivelmente ligada a um momento histórico, a uma certa organização política e social, algo inerente à cultura.

Gauchet insiste que o momento que vivenciamos exige uma reformulação completa no modo de descrever o estado de coisas relacionado à religião. Ele considera que se deve investir em um vocabulário livre da trama de significados da esfera religiosa.

Isso não significa que Gauchet deixe de reconhecer a importância do sentido religioso e a permanência do sentimento religioso: "... nossa decifração de nós mesmos caminha para uma decifração daquilo que destinou a humanidade à religião, fora da linguagem religiosa, mas salvando integramente o que ela comporta de sentido" (GAUCHET apud FERRY; GAUCHET, 2008, p. 100).

Ferry rebate as críticas que Gauchet faz ao uso de termos de origem da esfera religiosa dizendo não ser possível deixar de lado o religioso e simplesmente buscar explicações para o estado atual de coisas sem referenciá-lo. Sendo assim, pode-se dizer que ambos concordam em salvaguardar o religioso em alguma medida.

Ferry lança mão do vocabulário religioso como recurso, estendendo-o ao modo de metáfora à leitura de como o humano lida com o que é misterioso e com aquilo para o qual não consegue encontrar resposta. Tratar-se-ia, nesse caso, de admitir a criação ou "manutenção", em certo sentido, de uma narrativa, que mais do que um "vale a pena ver de novo", constituiria uma nova forma imbricada em modos anteriores de produção de sentido para aquilo que escapa às possibilidades de verbalização "asséptica" e laica – armadilhas da linguagem!

Ferry "denuncia" que nem Gauchet consegue escapar de referenciar o religioso, apesar de sua insistência na assepsia do vocabulário: aponta a aura religiosa que envolve o termo *absoluto terrestre* escolhido por Gauchet para designar algo da ordem do não religioso que daria vazão ao *feixe de condições primordiais* que fazem de nós seres humanos e estariam ligados àquilo que Ferry aponta como *transcendência na imanência*. Absoluto também remete ao religioso, na medida em que é a denominação ou qualificação de Deus na história do cristianismo. Gauchet reconhece isso, mas defende o uso do termo ao buscar aproximar referenciais anteriores, propondo a eles novos significados, o que parece repetir a "estratégia" de abordagem do tema usada por Ferry. Quem estaria correto? Cada um tem sua razão bem alicerçada, mas sempre parcial.

Lembro aqui *A ética da terminologia*, do semioticista Charles Sanders Peirce (1995), texto escrito em 1903, onde Peirce recomenda que, ao expressarmos ideias, formularmos conceitos originais e/ou designarmos algo com direcionamento mais preciso de significado, criemos palavras novas para evitar ideias velhas e mentes preguiçosas, a fim de escapar de confusões e abusos interpretativos de leituras enviesadas – princípio que honrou ao nomear suas categorias fenomenológicas. Nesse sentido, a preocupação de Gauchet é legítima, e parece visar não apenas a uma justeza de interpretação do movimento de saída da religião, como também evitar brechas para uma sustentação artificial da lógica ou da ótica religiosa. Por outro lado, Peirce reconhece também a impossibilidade de os signos – linguísticos ou de outra ordem – darem conta completamente daquilo que representam. Se dessem conta, não seriam signos, mas o próprio objeto da representação. Desse modo, a linguagem (especialmente, nesse caso, a verbal) sempre será traiçoeira no sentido de deixar brechas para diferentes tipos de interpretação e conclusões deles decorrentes. Importa, contudo, ter claro que sempre há uma incompletude (uma representação) naquilo que se pretende apresentar. A miríade de significados produzidos por um signo sempre será vasta, apesar de resguardar alguma relação, vicária e sempre incompleta (mas norteadora), com o objeto da representação (PEIRCE, 1975; SANTAELLA, 2000). Isso "absolve", em certa medida, as preferências terminológicas de Ferry.

Olhando com certo distanciamento o debate brevemente apresentado, pode-se dizer que os posicionamentos de Gauchet e Ferry parecem consistir em pontos de vista mais complementares do que antagônicos, ficando as discordâncias devidas especialmente a "traduções" ou interpretações diferentes para termos cujo significado seria compartilhado em algum nível, mesmo que por analogias ou metáforas – ainda que Gauchet insista veementemente que a divergência entre ambos vá além disso:

> Luc Ferry e eu não falamos da mesma coisa. Não me situo unicamente no terreno da filosofia, mas no da história em geral. A história – mesmo historiadora – da filosofia moderna só compreende um aspecto ou um fio particular da história moderna. O que tento compreender é o movimento dessa história em seu conjunto em função do processo de saída da religião. Inscrevo aí a história da filosofia que traz luzes insubstituíveis sobre o movimento dos espíritos, mas que recebe, em troca, um potente esclarecimento do movimento de conjunto no qual os espíritos se inserem. É esse devir global que me interessa, a metamorfose das formas políticas e sociais do estabelecimento humano que acompanha a saída da religião (GAUCHET apud FERRY; GAUCHET, 2008, p. 89).

Apesar das divergências, contudo, tanto Ferry quanto Gauchet convergem o olhar para um mesmo objeto e, cada um a seu modo, lança luz ao seu entendimento nas nuanças de seus distanciamentos e aproximações. Se há uma diferença mais acentuada entre ambos, seria a aposta de Ferry no amor e na retomada do autossacrifício em prol daquele a quem se ama – um *humanismo da transcendência do Outro*, que enseja um engajamento radical apenas quando quem amamos está em jogo – como cerne do "resgate do religioso" e a ênfase de Gauchet no absoluto terrestre, que toma formatos variados e marcaria o "abandono do religioso" – enquanto conectado à religião propriamente – mas que salvaguarda as características peculiares da transcendência na imanência (pelo menos na leitura que Ferry faz de Gauchet).

Quanto às convergências, ambos falam de um material primordial que permitiria a existência do religioso – uma espécie de condição prenhe dessa possibilidade ou apetrechada para tal – e de como isso permanece a despeito da derrocada da religião institucionalizada. Ferry e Gauchet não adentram o campo da fundamentação científica para a predisposição para a crença ou descrença. Falam, contudo, de condições prototípicas para o desenvolvimento do humano, que serviriam de base para o surgimento do religioso, sem, contudo, relegar o religioso – ou melhor, a atualização dessas potencialidades na esfera do religioso – a uma condição *sine qua non* do humano. Para isso, lançam mão de estratégias diferentes, de termos distintos, e de modo "combativo" na defesa de seus pontos de vista. Ambos ateus, mas com uma tolerância diversa para admitir ou tratar do aspecto religioso, o que se revela em suas falas. Entretanto, sem legar a discussão à esfera da avaliação positiva ou negativa do modo como esse potencial é atualizado, Ferry e Gauchet concordam que, de alguma forma, isso é canalizado para a busca de algo que vise à experiência de transcendência, à espiritualidade, entendida como aquilo que dá sentido ao existir. No dizer de Gauchet:

... nossa constituição não se pode conceber inteiramente como uma autoconstituição. É essa dimensão que as sociedades religiosas privilegiaram, até fazer dela o ponto capital de um sistema completo de sentidos, que coloca a condição humana na dependência total de uma doação extrínseca. Simetricamente, é a dimensão que a sociedade saída da religião tende a esquecer, em proveito da autoinstituição que não explica o que torna o homem capaz da história. É também a dimensão que precisamos começar a estabelecer criticamente contra as diversas ingenuidades reducionistas. Até onde podemos ir na inteligência desse dado antropogênico, desse feixe de condições primordiais que nos dão humanidade. Estamos de acordo [Gauchet e Ferry] no essencial daquilo que compõe esse cerne. Estamos em desacordo sobre o que pode advir da compreensão desse cerne. (...) Esse entendimento religioso está destinado a subsistir, como pensa Luc Ferry, mesmo além da saída da religião? Penso, no sentido inverso, que ela está destinada a ceder lugar a um novo entendimento da antropogênese (GAUCHET apud FERRY; GAUCHET, 2008, p. 99-100).

À parte de marcar posições que à primeira vista podem parecer marcadamente antagônicas, as argumentações, esclarecimentos e justificativas de Ferry e Gauchet para seus respectivos pontos de vista no diálogo que travam, espelham gradações de posicionamentos perante a descrença ou o "desinvestimento" no religioso. Não é possível dizer da agenda exata que estaria norteando as leituras feitas por um e pelo outro, porém, pode-se compreender que estas refletem a impossibilidade de se compreender o fenômeno da saída da religião (ou da aparente *saída do religioso*) de modo dicotômico e simplista. Aliás, eles mesmos, Ferry e Gauchet, falam taxativamente da tentativa de escapar da miopia das visões polarizadas da realidade. Há imbricações, nuanças e nós que devem ser considerados. Aí reside, a meu ver, o ponto central da contribuição que a leitura desses autores faz para se pensar a dinâmica dos ateísmos contemporâneos.

As leituras da contemporaneidade feitas por Gauchet e Ferry, bem como suas argumentações para fundamentar seus pontos de vista, ajudam a visualizar a miríade de possibilidades de posicionamentos quanto à situação presente do religioso em termos de justificativas perante a tomada de posições e o processo que desembocou no estado atual da questão. Apresentam-se como horizontes potenciais interpretativos diversos, cuja delimitação se dá pelo recorte da atualidade e que se adensa em estudos e dados empíricos.

É crescente o número de estudos que investigam o ateísmo e suas peculiaridades motivados por estatísticas que apontam uma presença cada vez maior de ateus e dos "sem religião" na Europa Ocidental e nas Américas. O aumento no número dos que se autodeclaram ateus e daqueles que se dizem sem religião levanta questionamentos acerca das características desses indivíduos e grupos. Mostra-se cada vez mais premente considerar ateus e sem religião como categorias que merecem ser estudadas não apenas a partir da contraposição de referenciais dos crentes e religiosos, como o negativo dos padrões culturalmente hegemônicos, mas a partir de seus referenciais psicossociais e peculiaridades próprios, numa abordagem secular.

Reflexões nesse sentido têm sido feitas em relação aos ateísmos contemporâneos, também denominados neoteísmos. Vale observar que a expressão "neoateísmos" parece estranha, uma vez que o ateísmo não é novidade em termos de atitude (a-)religiosa. Tratar-se-ia de novos ateísmos ou da percepção mais aguçada de diferentes tipos de não crença? Estudos dão conta de um número múltiplo de tipos de descrença, assim como também há "novidade" em termos de argumentos científicos – especialmente das Ciências naturais, com a Física e a Biologia – que fundamentam a não crença e a relação dos ateus com a busca de sentido para a vida (DE FRANCO; PETRONIO, 2014; VALLE, 2012), quebrando o mito de que não crentes careceriam de valores e de espiritualidade (no sentido de compartilhamento de valores e de busca/encontro de sentido para a existência). Esse aspecto é ressaltado por Gauchet quando defende que, apesar da saída da religião, há valores que permanecem sem, contudo, estarem sob controle religioso; e, como Ferry propõe, a possibilidade de uma *espiritualidade laica*, compreendida como defesa de grandes valores – esforços para conseguir uma vida plena e realizada entre iguais, num mundo que possa ser construído por todos, em conjunto –, sem que esses valores devam passar, necessariamente, pelo campo da fé religiosa.

Como mencionado, estudos recentes sobre crença e descrença investigam o espectro de distâncias e aproximações do transcendente e suas gradações, em vez de simplistamente considerar os descrentes num grupo artificialmente homogêneo, classificados como tal por contraposição a todos aqueles que partilham de alguma crença religiosa. Para citar alguns exemplos dos encaminhamentos nessa direção, no início da década de 1990, Wulff (1991) já descrevera quatro abordagens para a religião organizadas em duas dimensões bipolares: "exclusão do transcendente *versus* inclusão do transcendente" e "dimensão literal *versus* dimensão simbólica". A partir dessa descrição de Wulff, Hutsebaut (1996), com a colaboração de colegas (cf. FONTAINE et al., 2003), trabalhou no desenvolvimento e na validação da *Post-Critical Belief Scale* para medir diferenças interindividuais nas quatro abordagens da religião que compõem as dimensões apresentadas por Wulff. Esses estudos e a construção desse instrumento mostram uma preocupação em lidar com o espectro de crenças e atitudes perante o religioso que não se restringe a diferenciações dicotômicas puras.

Mais recentemente, os estudos de Christopher F. Silver e seu grupo da Universidade de Chattanooga, nos Estados Unidos, chamam a atenção para a necessidade de não se pasteurizar uma suposta categoria de ateus e não crentes, mesmo porque, apesar de ateus serem também não crentes, dados empíricos mostram que os não crentes não podem ser reduzidos à categoria de ateus. O estudo de Silver e colegas (2014) é feito a partir de narrativas de não crentes em entrevistas concedidas aos pesquisadores. As narrativas produzidas pelos participantes versaram sobre seu próprio senso de identidade, sua história de vida, seu comprometimento social, sua visão de mundo e sua compreensão de termos que popularmente definem não crentes para verificar se eram percebidos como descritores de sua condição. Por meio desse estudo que teve duas etapas – qualitativa e quantitativa –, foram encontrados seis tipos de não crença que acabam por revelar sua repercussão em atitudes em face da religião e dos religiosos: ateus/agnósticos intelectuais, ateus/agnósticos ativistas, agnósticos buscadores, antiteístas, não teístas e ateus/agnósticos rituais. (Para uma descrição dos tipos de não crentes, ver o artigo de referência.) Não há, portanto, apenas um tipo de não crença, um só tipo de afastamento da religião ou de rechaço da religião como fornecedora de sentido, estruturante da realidade, de atitudes e de ações. Há gradações de afastamento, bem como inexoravelmente de aproximações do religioso.

Como enfatiza Gauchet – e os estudos empíricos vêm ratificar – parece claro que a verdadeira questão que se impõe no cenário contemporâneo consiste em verificar ou discutir o que "subsiste de religiosidade para além do declínio social da religião" (GAUCHET apud FERRY; GAUCHET, 2008, p. 42). Esse ponto marca a convergência das discussões entre Ferry e Gauchet. A princípio, parecem se colocar em posições diametralmente opostas ("resgate do religioso" *versus* "abandono do religioso"), mas na formulação de seus argumentos apresentam nuanças entre esses polos que ajudam a pensar as peculiaridades das referidas gradações de afastamento e de aproximações do religioso na contemporaneidade. Não se trata aqui de pasteurizar o pensamento de Ferry e Gauchet e de reduzi--los a um denominar comum. Trata-se de considerar que, de modos diferentes e de ângulos diferentes, examinam um mesmo objeto – a saída da religião e o resultado dessa saída para o ser humano – e que essa diversidade no modo de tratar a questão enriquece as reflexões acerca do tema. Contextualiza diferentes facetas da realidade, sem o que poder-se-ia perder-se em um diálogo de surdos, sem perceber seus pontos de convergência e complementaridades.

Considerações Finais

Muito além de uma mera apresentação do pensamento de Ferry e Gauchet e de seu debate acerca do destino e da condição atual da humanidade após o fenômeno do declínio da religião, este capítulo buscou unir o âmbito das discussões filosóficas e históricas acerca do tema com as constatações empíricas das variadas gradações de afastamento e aproximação da religião. Longe de esgotar o assunto, o texto visa provocar reflexão sobre o tema, especialmente porque outra face dessa problemática não foi tratada aqui: em contraponto ao crescente número de ateus e sem religião, constata-se também crescente número de crentes no cristianismo em denominações outras que não a católica, além da permanência ou do incremento de crenças mais fundamentalistas em cenários diversos, não apenas no mundo na Europa Oriental, como em todo o Oriente e em partes do Ocidente que se reconhecem cada vez mais ateias. A globalização, citada como processo que possibilitou esse estado de coisas, tornou mais complexa a teia de significados que enseja atitudes e comportamentos na esfera do (a-)religioso. Essa complexidade nos chama a refletir e investigar empiricamente os diferentes pontos de vista, indivíduos e grupos para uma compreensão mais abrangente desses fenômenos que compõem um cenário único e plural ao mesmo tempo.

Referências bibliográficas

BAUMAN, Z. *Modernidade líquida*. Rio de Janeiro: Zahar, 2003.
DE FRANCO, C.; PETRONIO, R. *Crença e evidência. Aproximações e controvérsias entre religião e teoria evolucionária no pensamento contemporâneo*. São Leopoldo/RS: Ed. Unisinos, 2014.
FACHIN, P.; JUNGES, M. Trad. Benno Dischinger. As religiões não são mais determinantes para a vida coletiva. (Entrevista com Marcel Gauchet). *Revista do Instituto Humanitas Unisinos*. Disponível em: <http://www.ihuonline.unisinos.br/index.php?option=com_content&view=article&id=2708&secao=302>.
FERRY, L. *O que é uma vida bem-sucedida?* São Paulo: Difel, 2004.
_____. *Aprender a viver*. Rio de Janeiro: Objetiva, 2006.
_____. *O homem-Deus: ou o sentido da vida*. São Paulo: Difel, 2010.
_____. *A revolução do amor: por uma espiritualidade laica*. Rio de Janeiro: Objetiva, 2012.

_____; COMTE-SPONVILLE, A. (1999). *A sabedoria dos modernos*. São Paulo: Martins Editora, 1999.

_____; GAUCHET, M. *Depois da religião: o que será do homem depois que a religião deixar de ditar a lei?* Rio de Janeiro: Difel, 2008.

FONTAINE, J. R. J.; DURIEZ, B.; LUYTEN, P.; HUTSEBAUT, D. The internal structure of the Post-Critical Belief Scale. *Personality and Individual Differences*, 35 (2003), p. 501-518.

GAUCHET, M. *Le Désenchantement du Monde. Une Histoire Politique de la Religion*. Paris: Gallimard, 1985.

_____. *La Religion dans la Democratie*. Paris: Gallimard, 1998.

_____. *La Democratie Contre Elle-Même*. Paris: Gallimard, 2002.

_____. *La Condition historique*. Paris: Stock, 2003.

HUTSEBAUT, D. Post-Critical Belief. A new approach to the religious attitude problem. *Journal of Empirical Theology*, 9, p. 48-66.

IBGE. Censo 2010. Disponível em: <http://www.censo2010.ibge.gov.br>. Acesso em: 20/02/2016.

LIPOVETSKY, G. *Os tempos hipermodernos*. São Paulo: Barcarolla, 2004.

_____. *A sociedade pós-moralista: o crepúsculo do dever e a ética indolor dos novos tempos democráticos*. Barueri/SP: Manole, 2005.

LYOTARD, Jean-François. *O pós-moderno*. Trad. Ricardo Corrêa Barbosa. Rio de Janeiro: José Olympio, 1986, p. 123.

MACHADO, J. *O pensamento pós-moderno e a falência da modernidade*. Disponível em: <https://colunastortas.wordpress.com/2014/05/15/o-que-e-pos-modernidade-resumo-de-uma-falencia-da-modernidade>, 2014.

PEIRCE, C. S. Classificação dos signos. In: PEIRCE, Charles Sanders. *Semiótica e filosofia*. Trad. Octanny S. da Mota e Leonidas Hegenberg. São Paulo: Cultrix/EDUSP, 1975, p. 93-114.

_____. A ética da terminologia. In: PEIRCE, Charles Sanders. *Semiótica*. Trad. José Teixeira Coelho Netto. 2. ed. Perspectiva: São Paulo, 1995, p 39-43.

SANTAELLA, L. *A teoria geral dos signos: como as linguagens significam as coisas*. São Paulo: Thomson Pioneira, 2000.

SANTI, P. L. R. de. *A construção do Eu na Modernidade*. (5. ed.). Ribeirão Preto/SP: Holos, 2005.

SILVER, C.; COLEMAN III, T. J.; HOOD JR., R. W.; HOLCOMBE, J. The six types of nonbelief: a qualitative and quantitative study of type and narrative. *Mental Health, Religion & Culture*, v. 17, n. D, p. 990-1001, 2014.

VALLE, E. *Religião e ética no neoateísmo contemporâneo: um primeiro balanço crítico*. 3º Colóquio Luso-Brasileiro de Ciências da Religião e da Filosofia da Religião. Universidade Católica Portuguesa. Braga: Portugal, 2012.

WULFF, D. M. *Psychology of Religion: classic and contemporary views*. New York: Wiley, 1991.

CAPÍTULO VII

MICHEL GAUCHET: UM ATEU(?) DESENCANTADO(?) DO MUNDO. PERSPECTIVA DESDE A PSICOLOGIA E A CIÊNCIA DA RELIGIÃO

Eliana Massih

Introdução

A apresentação do filósofo e historiador francês contemporâneo Marcel Gauchet, nascido em 1946, se faz no marco de minha formação de psicóloga clínica e professora de Psicologia da Religião. Tomo por base a leitura do livro *Depois da religião* (2008), uma transcrição do diálogo entre Gauchet e Luc Ferry promovida pelo Collège de Philosophie nas dependências da Universidade de Sorbonne, em 1999.

No capítulo que antecede este, Fatima Machado apresenta os autores em suas diferenças e, por que não, em suas semelhanças, na medida em que ambos se ocupam da religião como categoria de compreensão ontológica do que nos faz humanos em sentido próprio. Minha própria reflexão se ancora na ideia de diálogo, tal como proposto pelos organizadores do evento. No diálogo, em si uma categoria de pensamento que remonta aos gregos, se revelam nossas mais fortes características humanas. Não apenas dizer, afirmar e sim também ouvir e escutar o outro em sua diversidade. Gauchet é preciso e exigente nesse quesito. Não se contenta com semelhanças que levem ao mau entendimento tanto de seu pensamento quanto daquele de Ferry.

Divido o capítulo em três partes como se segue: a primeira resume a visão de Gauchet em relação às supostas semelhanças com seu interlocutor Ferry. A segunda apresenta uma sucinta visão das intenções de Gauchet ao refletir sobre termos tão pouco precisos como sagrado, transcendência, divino etc. Na terceira parte, como professora de Psicologia da Religião que sou, suscito diálogo com autores contemporâneos afinados com a interdisciplinaridade. Esta última, a meu ver, imprescindível para os propósitos de um grupo de pesquisa cujo foco é a reflexão em torno dos neoateísmos contemporâneos.

Parte 1 – Gauchet escuta Ferry

Inicio com uma frase de Gauchet (1998, p. 64) a respeito de Ferry:

> Não se pode estar mais enganado no diagnóstico, a meu ver, que Luc Ferry, ao falar da humanização do divino e da divinização do humano. Trata-se de exatamente o contrário, uma dinâmica separatista que desantropomorfiza o divino e retira do humano tudo o que nele ainda poderia subsistir de uma participação, mesmo longínqua, no divino.

Na afirmação aparece claramente a aspiração filosófica de Gauchet em delimitar conceitos que, ao longo da história do pensamento humano, foram marcados pela influência da religião na produção do conhecimento. Aspiração esta que tem bases em sua própria formação como filósofo e historiador. Mais ainda, na dinâmica dialética que ainda impregna o fazer intelectual contemporâneo. Ou religião ou Ciência! Será que se sustenta hoje em dia a Filosofia *aut-aut* num mundo pluriforme em suas manifestações, sejam elas políticas, religiosas ou, enfim, culturais?

Assim é que Gauchet, mesmo sem ter total clareza do resultado final, busca uma delimitação radical do modo de ser humano que produz religião de qualquer outro modo de ser humano. A referência, segundo o autor, deveria ser sempre nossa própria condição humana. Gauchet se propõe a sair de qualquer discurso metafórico ou fabuloso e busca conceituar a humanidade a partir de suas próprias condições de acontecimento no mundo.

Tal como Friedrich Schiller, poeta romântico alemão (1750-1805) que se declarou "desencantado do mundo", assim se coloca Gauchet, para quem a Filosofia deveria aprender a traduzir de modo laico o que é a religião. A laicização do mundo está aí e, do mesmo modo, as religiões permanecem. O paradoxo não o incomoda. O que o incomoda é a tentativa vã de tornar religioso o que já saiu dessa esfera.[1]

O que hoje permanece é o uso recorrente das metáforas religiosas para explicar novos modos de transcendência. Esta última, sim – o autor concorda com Luc Ferry –, reiteradamente se expressa no humano. A apropriação do cenário religioso como explicação para essa transcendência é contestada veementemente por Gauchet.

As expressões chamadas religiosas são, para ele, nada menos que modos de identificação de pessoas e grupos. Num tempo como o nosso em que a subjetivação é objeto de desejo em todas as esferas da presença humana, nos deparamos com a mesmice das interpretações que esbarram no racionalismo da modernidade. Marcel Gauchet deseja algo mais que uma subjetividade moldada e representada por categorias que considera ultrapassadas.

---

[1] Cf. GAUCHET, M., 2003 passim.

Gauchet se pergunta e nos convida a perguntar: não estará na hora de buscarmos categorias que compreendam as questões últimas – finitude, sentido, transcendência – de modo novo? Se, para incomodar Gauchet, usássemos a metáfora das Ciências, diríamos: o autor aspira controlar as variáveis envolvidas no conceito de múltiplas raízes denominado "religião".

Gauchet se alonga no que considera serem os erros principais de Luc Ferry:

a) A palavra "sagrado" propicia o erro por ser uma categoria que remete à sua raiz histórica, desde sempre instalada na ordem das religiões. Sagrado é a conjunção do visível como o invisível. Nas palavras do próprio Gauchet (2008, p. 49); só há o sagrado quando há um encontro material entre a natureza e a sobrenaturalidade. Um ser sagrado – um rei sagrado, para tomar o exemplo por excelência – é um personagem que em seu corpo físico, semelhante a qualquer outro, é habitado pela alteridade invisível e por forças sobrenaturais. Tal como, também a modo de exemplo, ocorre na hóstia consagrada, ou seja, atestação do além nos lugares, nas coisas ou nos seres daqui de baixo. Para ele, a desmistificação do mundo corre paralelamente à dessacralização. Sagrado é hoje, no máximo, uma memória. Quando dizemos que a vida é sagrada, trata-se apenas de uma imagem. De fato, a vida deve ser protegida. Erraremos, no entanto, se essa proteção se colocar à luz da categoria sagrado. Gauchet conclui ao afirmar que "há uma superioridade da humanidade em relação a si mesma que não merece o nome de sagrado" (p. 50).

b) A ideia de Deus, na mente "dos crentes assim como dos incrédulos, insisto nesse ponto" (p. 52) des-antropomorfiza-se em primeiro lugar no terreno político-social. Gauchet é contra a ideia de Ferry de entender que Deus intervém nos assuntos humanos e na organização das comunidades políticas. Diz isso com a propriedade de quem observa o comportamento de políticos e governantes. Estes, em nome de Deus, praticam atos díspares que variam na linha do bem e do mal. Não há uma atitude comum naqueles que creem

– ou afirmam crer – e os resultados variam de época em época, de governo para governo. Nas palavras de Gauchet (2008, p. 53): "O fato de ser crente não é determinante na maneira de se situar na cena pública; ele se traduz em posições que podem ser muito diferentes e que são admitidas como tais do ponto de vista das consciências crentes". Gauchet conclui não haver outro modo de conceituar Deus a não ser separando-o ou afastando-o da humanidade. "Deus não é mais pensável seja no abstrato da Filosofia seja no concreto existencial da crença" (p. 52). O Deus filosófico divorcia-se aqui do Deus teológico. A desantropomorfização permite pensar Deus sob o signo do absolutamente OUTRO que não o humano. Mas o ponto crucial a ser sublinhado é que, no meio dessas transformações, a ideia de Deus conserva um sentido.

c) A divinização do humano proposta por Ferry faz Gauchet questionar a necessidade dessa interpretação para acolher o absoluto, inegavelmente presente no acontecer humano. Gauchet não contesta a presença do absoluto na experiência humana. Em suas palavras (2008, p. 55): "Há, no homem, o absoluto – dado que não há outra palavra para designar o inderivável, o irredutível, o intransigível que encontramos em nossa experiência da verdade, do outro, de valores que nos fazem sair de nós mesmos. Foge aqui novamente da Filosofia do *aut-aut*: absoluto (que remonta a Deus) x relativo (que remonta ao humano). Não nos precisamos divinizar para encampar o absoluto que nos é dado como possibilidade de representação". Assim expressa Gauchet (p. 55): "o Deus da nova revelação nada mais é que o Deus daquela antiga, disfarçado para as circunstâncias e alojado num emprego que não pode ser o seu". Quer com isso dizer que não aceita essa forma de colagem ou prótese.

d) Ao falar de transcendência, Ferry opera o que Gauchet (p. 57) chamou de "deslizamento insensível de uma transcendência filosófica para uma transcendência religiosa" que lhe parece inaceitável. Argumenta com veemência, divergindo de Ferry que teria utilizado

uma analogia inconsistente e enganadora. A transcendência humana não precisa ser um absoluto metafísico.
Nas palavras de Gauchet (p. 57):

> Parece que seu método consiste em nos vender um a partir do outro, com muita habilidade. Resisto a me deixar levar. Insisto firmemente a respeito do absoluto terrestre. Não percebo claramente a necessidade de fazer dele um absoluto metafísico e substancial. Ao contrário, não vejo este passo suplementar senão como uma analogia inconsistente e enganadora, que nos proíbe pensar esta transcendência em seu verdadeiro mistério de autotranscendência sem exterioridade metafísica nem doação sobrenatural.

Parte 2 – Afirmações de Gauchet sobre religião

Gauchet pontua desde o início do diálogo que não descerá a nenhuma religião em particular, tendo claro que isso não acrescenta nada ao debate. Em suas palavras (p. 37): "Teremos o pudor de não nos estendermos sobre as modalidades de organização da nova Igreja. Não falaremos senão de princípios".

Descrevo a seguir três das constatações que marcam seu pensamento e, do mesmo modo, não o satisfazem:

> A religião como heteronomia: se for vista apenas como contraponto da autonomia conquistada na contemporaneidade, o conceito não abarca toda a gama de expressões históricas que remontam a um passado "religioso". Desde sempre o sagrado, o que nos transcende e a questão da finitude nos assombraram e causaram espanto. E continua ainda difícil para nós humanos aceitar a autoria de nosso acontecer no mundo.

> Religião como tradição: a temporalidade humana vem se deslocando do passado como fonte e causa e se encaminhando para o futuro, o ainda-não. Produzimos leis, criamos instituições, projetamos obras com vistas ao que ainda não se descortinou. E, ao ver de

Gauchet, isso se opõe ao modelo das religiões tradicionais focadas na tradição, na herança.

Nessa linha de pensamento, a religião acabou há mais de 5.000 anos, quando a mesma se institucionalizou. Assim, o religioso passou a se ligar ao político, à organização social, ao Estado. E nesse sentido está mesmo ultrapassada, ao menos na Europa, a partir de onde fala Gauchet.

A religião não é disposição natural humana. Não está inscrita desde sempre e para sempre na configuração da humanidade. Novas expressões da "mística" se apresentam nos transes ligados à experiência da arte como no êxtase musical, na poesia, nas artes plásticas. O homem é excesso por sua própria natureza. Já criamos deuses no passado. Criamos deuses agora no presente. Porém, agora criamos novas formas de produção de sagrado.

O mundo desencantado, ou melhor, o desencantamento de toda uma era romântica que apostava na religião, precisa compreender o que acontece quando passamos a funcionar fora dela. Indivíduos e sociedade tiveram que abrir mão do relativo conforto da heteronomia para então compreender que a autonomia é busca permanente e irreversível da condição desejante do humano.

A autonomia é o movimento do mundo. Por vezes adiada e posta em *stand-by* e sempre ressurgindo como abertura. Marcel Gauchet sabe desses percalços da historicidade humana ao se referir a dois fatos indiscutíveis: "em primeiro lugar a permanência da fé e, em segundo, a revivência periódica dessa fé por motivos ora conjunturais (a libertação), ora ligados aos movimentos profundos da cultura (romantismo e neorromantismo") (2008, p. 41). Gauchet confirma assim duas tendências da contemporaneidade, a saber, uma saída da religião como estruturante da política e da sociedade e, igual e paradoxalmente, a permanência do religioso na ordem da convicção única, obedecendo esta às condições históricas e nacionais, ou seja, à realidade concreta de grupos e subgrupos dentro da cultura.

Com isso, Gauchet iguala a condição humana no quesito "religião" seja na América, com seu "fervor americano", seja na Europa, onde, "por exemplo, a Irlanda, a Polônia e a Grécia, ... onde as igrejas, por motivos históricos, se viram depositárias da identidade nacional" (p. 42), a religião persiste. Em sua Europa Ocidental a busca espiritual, as questões últimas, a destinação humana, a significação das experiências fundamentais, a orientação ética global permanecem. Em suas palavras (2008, p. 42):

> Pouco importa: o fervor americano ou a debandada na Europa Ocidental são fenômenos que não tocam o ponto central, *a saída da estruturação religiosa das sociedades*. Saída que não impede a manutenção de uma vida religiosa na escala dos indivíduos. De fato, no próprio lugar onde o recuo da religião, inclusive no registro da convicção privada, é o mais avançado, como é o caso da Europa Ocidental, ele não implica o desaparecimento puro e simples da preocupação espiritual sem que busquemos defini-la bem por enquanto. Independente das condições histórico-culturais que movimentam os acontecimentos na esfera religiosa, persiste a "preocupação espiritual" e Gauchet concorda com Ferry ser esta uma questão relevante para o tema. Ferry quer saber se há uma disposição natural do espírito humano para a metafísica. Gauchet traduz a seu modo e pergunta: "com o que pôde trabalhar a invenção histórica das religiões? (p. 43).

Parte 3 – Proposta de diálogo

No tópico a seguir ofereço uma abertura para essa instigante questão. Se, para Gauchet, religioso é a denegação da autonomia, já que a lei vem de fora, como encampar sua clareza de que (2008, p. 99) "nos fazemos a partir de alguma coisa que não fazemos e que nos é dada – o que nos faz homens". Gauchet tem total consciência da dificuldade de conceituar a constituição do humano e, a meu ver, talvez de modo mais complicado no quesito religião. E mais, Gauchet pressente que a moral laica não dá conta da complexidade das experiências humanas. Afirma (2008, p. 37) que o discurso moral, tal como nossas sociedades o compreendem (isto é, como regulagem das relações com os outros segundo a norma da reciprocidade), não responde a tudo.

E ao interromper Ferry, quando este se detém na analogia com o cristianismo, afirma que não se deverão ocupar das modalidades de organização da nova Igreja. "Não falaremos senão de princípios" (2008, p. 37). Assim é que, se não vamos falar de religiões, falemos então de mentes que produzem, necessitam e/ou desejam religião, ou melhor, encontros com o inefável do mundo.

Acredito que Gauchet não se satisfaria com explicações vindas da Neurobiologia mesmo quando nessa área de interesse científico se insira o fator cultura. Ancorar a (eventual) saída do religioso via natureza humana em sua evolução neurobiológica já não aconteceu. A humanidade persiste na busca e na produção de novas formas de aproximação com o transcendente.

Marcel Gauchet me pareceu alguém desejoso de refinamento intelectual na busca de conhecimento. Consciente de que o ser humano deseja e cria objetos de afeição e idolatria (já disponíveis na cultura, como atores de cinema, cantores de *rock*, jogadores de futebol etc.) para satisfazer esses desejos, vai mais além: deseja – ele próprio – buscar reinterpretar o "problema humano" radicalmente fora da religião.

Gauchet não afirma com isso que a religião deixou de ser parte da constituição humana. Ela ainda funciona como busca de identidade e o fato se revela em movimentos como o Dia Mundial da Juventude, em atos terroristas e nos movimentos de migração que vemos hoje em dia. No entanto, identificar-se com algo ou alguém não quer dizer "ser" esse algo ou alguém.

É instigante a coragem com que um pensador do porte de Gauchet explicite a dificuldade em abordar a temática da religião na contemporaneidade. Tal como Ferry, Gauchet não se satisfaz com a definição de religião como fetiche, na linha de Freud, Nietzsche, Marx e mesmo Feuerbach.

O processo de subjetivação teve seu marco decisivo na Renascença, o que de forma alguma esgota a questão. Quando passamos a nos "sacrificar" por algo mais próximo de nós, seja a família, o acúmulo de capital, ou qualquer outro valor mais imediato, ainda não excluímos o religioso. Essa mudança de referência se dá na ordem de processos históricos, sejam eles políticos, econômicos, sociológicos ou psicossociológicos. A instituição religiosa falhou em muitos dos setores abertos pela modernidade (liberdade, igualdade, fraternidade) e, no entanto, seus vetores centrais (sagrado, transcendência, sacrifício etc.) apenas se deslocaram. Gauchet tenta fazer "uma história filosófica da religião" (2008, p. 39), em suas próprias palavras. Proponho, então, que Gauchet escute um antropólogo contemporâneo do porte de Cliford Geertz (1973; 2001) e um arqueólogo que aprecia o pensamento histórico como Steven Mithen (1995). Ambos dialogam a partir dos avanços da Psicologia Evolucionária desenvolvida por Pascal Boyer (2001).

3.1. Gauchet e Geertz

Gauchet fala a partir de sua formação e consequente identidade europeia. Clifford Geertz, antenado com as reviravoltas no mundo europeu a partir dos movimentos de migração – que carregam consigo o contexto religioso –, afirma que as identificações religiosas vão ganhando cada vez mais destaque no discurso secular, pelo fato de estarem ligadas a movimentos sociais, políticos e econômicos.

Se, como propõe Gauchet, as manifestações aparentemente religiosas têm sim a ver com processos de identificação de grupos e pessoas muito mais do que com experiências de busca, sentido último (que igualmente permanecem), então há uma possibilidade de diálogo entre o pensamento histórico-filosófico europeu e a antropologia nos moldes propostos por Geertz. Nas palavras deste último (2001, p. 152): "É preciso empregar termos mais firmes, mais decididos, mais transpessoais, mais extrovertidos – 'Sentido' ou 'Identidade' ou 'Poder' – para captar as modalidades de devoção em nossa época".

A religião nomeia grupos e indivíduos e, na expressão de Geertz, "é a variável dependente favorita de todo o mundo" (2001, p. 154). Como suporte para identidades em construção ou mesmo para aquelas fragilizadas nos variados domínios da presença humana, a identidade religiosa se impõe e passa distante do que chamamos de sentido último ou alteridade. Parafraseando Geertz (2001, p. 218), o que faz qualquer pessoa ser qualquer pessoa num dado momento e até certo ponto, para certos fins e em certos contextos, é que essas pessoas passaram a ser vistas como contrastantes com o que as cerca.

Hoje em dia a cultura fornece estruturas de sentido que localizam as pessoas e os grupos e lhes permite viverem e formarem suas convicções, suas individualidades e seus estilos de solidariedade (GEERTZ, 2001, p. 215). A solidariedade fala mais de sobrevivência material do que propriamente de sobrevivência de valores. As identidades são descontínuas e os significantes religiosos operam de modo mais abrangente, por que não dizer fluido, para encampar estas identidades.

Termos como "country" tem como raiz "conter"/contra/contrário, o que faz com que identidades se definam pelo negativo. O termo "nação" fala de linhagem/cepa, tem como raiz o verbo "nascer". Hoje em dia, pessoas nascem em lugares outros de seu lugar original devido às migrações. O mundo e as pessoas transitam de um modelo a outro, de uma forma de sobrevivência a outra, de um estado de guerra para um estado de paz.

A questão do sentido em sua acepção mais ampla tem sido esteio de discussões sobre religião pelo menos desde o século XVIII e, segundo Geertz, uma luz foi lançada por Max Weber quando este ousadamente demonstrou que (GEERTZ, 2001, p. 153):

Ideais religiosos e atividades práticas avançam juntos, aos tropeços, à medida que se deslocam pela história, constituindo, a rigor, um processo inseparável, que o "Sentido" começou a ser visto como algo mais, ou como algo diferente de um verniz convencional, aplicado sobre uma realidade estável.

Ainda assim, precisamos pertencer e ser alguém neste mundo tão diversificado e pluriforme. Geertz adverte que não precisamos de ideias grandiosas nem do abandono completo das ideias sintetizadoras e sim de "modos de pensar" (grifo meu) que sejam receptivos às particularidades, às individualidades, às estranhezas, às descontinuidades, aos contrastes e às singularidades (2001, p. 196) da história, tal como hoje se apresenta. Talvez esse seja o mesmo anseio de Gauchet, que se afirma insatisfeito com os modos de pensar a religiosidade, a transcendência, o sentido último.

Em meio a todos esses fatores, o que fazer com o desejo de bem-estar, de viver uma estabilidade confortável? Onde refugiar-se? Hoje – e sempre – a cultura funciona como força ordenadora das questões humanas. Cultura, no fundo, é um consenso em meio à diversidade. E a religião, no contexto cultural contemporâneo, é abundante no fornecimento dessas forças, passando a funcionar como sentido e identidade.

3.2. Gauchet e Mithen

Gauchet busca um modo próprio de pensar Deus e seus derivativos como sagrado, transcendência, sentido último, alteridade. Mithen, arqueólogo, busca a pré-história da mente nas descobertas das escavações num gesto ousado de lançar luzes ao que Damásio denominou o mistério da consciência.

Mithen dialoga com psicólogos evolucionários do porte de Pascal Boyer, os quais afirmam que somente um cérebro complexo como o nosso poderia produzir arte, Ciência ou religião. E, ainda, que não há diferenciação alguma na produção de saberes nas três áreas.[2] Afirma Mithen (2002, p. 279) que "as pessoas do Paleolítico Superior foram as primeiras a acreditar em seres sobrenaturais e possivelmente em uma vida após a morte". Pontua que as ideologias religiosas ter-se-iam manifestado pela primeira vez nesse momento da evolução. O cérebro humano teria, então, se libertado de certas amarras que o faziam operar apenas no plano das necessidades concretas. Sua teoria firma o que chamou de fluidez cognitiva. Essa fluidez nos permite experimentar o que Boyer chama de contraintuições, que são justamente as junções entre coisas materiais e imateriais, elevando as primeiras à categoria de sagradas.

Nas palavras de Boyer (2001, p. 321):

> O tempo que o cérebro humano estabelecia mais conexões entre sistemas diferentes, como viemos a saber a partir da caça e da feitura de ferramentas, foi também o período em que se criaram representações visuais dos conceitos sobrenaturais. Pinturas e outros artefatos começam a mostrar evidências de representações totêmicas e antropomórficas, bem como de quimeras.

As entidades religiosas em suas múltiplas manifestações excedem qualquer forma de pensamento racional e lógico por carregarem em si uma dupla versão de consonância e dissonância com o pensamento intuitivo. Do mesmo modo que são invisíveis e indizíveis, têm sentimentos, podendo se compadecer ou se vingar. Compreende-se que são produtos da mente humana em seu processo de evolução. Boyer observa que em todas as culturas é recorrente o fato de se considerar alguns indivíduos com poderes especiais para se comunicar com entidades sobrenaturais, presumindo que teriam uma "essência" diferente dos demais. Duas outras constatações de seus estudos são a crença de uma vida pós-morte e de que certos rituais podem causar mudanças no mundo natural.

---

[2] Cf. MASSIH, 2013 passim.

O próprio Mithen se refere a essas características elencadas por Boyer e conclui (2002, p. 279) que a crença em seres não físicos pode ser realmente universal.

Parece-me um caminho estudar e refletir cada vez mais sobre os ritos praticados por várias religiões e seu efeito na instalação de valores, escolhas morais e composição pedagógica da ética grupal. Mais que indagações ou hipóteses em nível teórico, esses estudos nos mostrariam como os grupos religiosos agem no concreto do mundo fragmentado em que vivemos.

Que conceito de Deus leva ao mal? Que conceito de Deus produz o bem? Teístas e ateístas se encontram num fenômeno absolutamente humano que é a crença ilusória de que podemos atuar, planejar e prever nosso destino pessoal e coletivo. Esquecemos com frequência que a história social ou natural não tece um caminho de linhas retas.

3.3. Algumas possibilidades de ampliação do diálogo

Como falo a partir da Psicologia da Religião, relembro que Gauchet de fato é um pensador a-teísta nos moldes propostos por Antoine Vergote,[3] cujo postulado central afirma a importância epistemológica de excluir metodologicamente a crença em Deus na compreensão do fato religioso. O que não impede esse cientista da religião – também psicanalista e padre – de se ocupar das mudanças comportamentais da Europa contemporânea e se perguntar se e como será possível restaurar a moralidade pública e familiar com o declínio da religião (2001, p. 16). Mas não é esse o nosso foco de atenção para o momento. Repetindo Gauchet: "Não falaremos senão de princípios" (2008, p. 37).

Gauchet intui que a religião não é algo inato e especificamente inerente ao humano. Ignora – ou não refere – o fato antropológico de que não há cultura alguma sem algo parecido com inclusão

---
[3] Cf. VERGOTE, 2001.

do transcendente na justificação de atos e pensamentos do viver cotidiano, seja na guerra, seja na paz. A Antropologia de Geertz dialoga com – e se contrapõe a – um dos pais fundadores da Psicologia da Religião, o filósofo, médico e psicólogo William James. A citação é longa mas compensa pelo que traz de verdade histórica (2001, p. 152):

> Num momento em que, enquanto escrevo, é concebível que um católico romano se torne primeiro-ministro da Índia, se cair o atual governo hinduísta, em que o islamismo, pelo menos de fato, é a segunda religião da França, em que literalistas bíblicos procuram minar a legitimidade do presidente dos Estados Unidos, em que mistagogos budistas mandam políticos budistas pelos ares em Colombo, em que padres adeptos da Teologia da Libertação instigam camponeses à revolta social, em que um mulá egípcio dirige, de uma prisão norte-americana, uma seita reformadora do mundo, em que caçadores de bruxas sul-africanos ministram a justiça em *shabeens* (bares) da vizinhança, falar de religião como "os sentimentos, atos e experiências de homens individuais em sua solidão"[4] parece passar por cima de uma multiplicidade de coisas que vêm acontecendo nos corações e mentes dos devotos de hoje.

As emoções são moldadas pela cultura. Aprendemos a ter piedade e, igualmente, a sentir ódio. Além disso, hoje em dia as identidades são descontínuas no tempo e no espaço do mundo globalizado em que vivemos. Tornou-se difícil conceituar uma ideia de país, povo, sociedade ou pertença religiosa, podendo-se falar de um "*self* histórico", expressão de Geertz (2001, p. 203). Uma das tarefas da Antropologia é justamente delimitar culturas, o que se vem tornando cada vez mais difícil. Conceitos de Deus ou transcendência pairam no ar e servem como âncora para ações de toda ordem. Suponho que Geertz e Marcel Gauchet estejam ambos aturdidos

---

[4] Cf. JAMES, 1995, p. 31-32. Nas palavras de James em 1902: "A religião, por conseguinte, como agora lhes peço arbitrariamente que aceitem, significará para nós os sentimentos, atos e experiências de indivíduos em sua solidão, na medida em que se sintam relacionados com o que quer que possam considerar o divino".

com as mais recentes representações do religioso, na forma de atos terroristas que envolvem ação e reação de raízes históricas remotas.

O "outro" demonizado é presença na constituição tanto da subjetividade quanto da identidade cultural dos grupos. Emoções coletivas como ódio e vingança se alimentam de razões religiosas por essas se acoplarem em esferas não racionais e lógicas. Relembrando Mithen e Boyer, referidos na parte 2, isso se deve a possibilidades cerebrais contraintuitivas.

Outro fator a ser levado em conta é a questão do sentido último. O desconhecido, o espanto diante do mistério da vida humana aspira a uma razão, a uma explicação. E o que vemos ao longo da história – e das histórias dos grupos e subgrupos humanos – são arranjos simbólicos que aliviam a falta de sentido.

Luc Ferry se volta para a mitologia grega, rica de recursos que fazem a ponte entre o humano e o divino. A cultura grega, com seus deuses e heróis, permite a mediação entre sagrado e profano, minimizando as reações concretas. Deuses e heróis com suas histórias trabalham por nós.

Marcel Gauchet nos pareceu mais radical em sua exclusão do religioso. Deseja estudar o homem sem Deus e quase nunca utiliza o termo "cultura". Termo este que é inclusivo e interdisciplinar; para compreender os símbolos, o imaginário de um grupo e seus subgrupos, temos que descer do pedestal dos grandes conceitos: bem e mal; guerra e paz; saúde e doença, têm seus significados recortados pelas histórias dos grupos humanos com suas razões e emoções coletivas.

Em nosso campo específico, o da Psicologia da Religião, convém lembrar as palavras de Belzen (2010, p. 125):

> Os seres humanos desejam, e os modos pelos quais eles querem satisfazer seus desejos são propostos, consequentemente, a partir dos significantes culturais que dirigem o desejo humano. Por isso, de modo semelhante como Freud definiu a pulsão como trabalho psíquico, a cultura também impõe um labor, ela molda o âmbito psíquico.

Podemos afirmar sem medo que as religiões, melhor dizendo, a cultura religiosa na qual estão imersos os grupos sempre tiveram papel importante na constituição psicológica de identidades pessoais e grupais. É muito recente o papel das Ciências como substituto do aparato simbólico fornecido pelas religiões. Pensamento mágico e imaginação persistem em lances cada vez mais arrojados, seja nas Ciências, nas artes e na própria religião como cimento para a formação de comunidades e identidades culturais.

O pensamento dos dois autores referidos enriquecer-se-ia com dados reais vindos da Psicologia Evolucionária de Boyer, em diálogo com a Antropologia de Cliford Geertz e com a Arqueologia engajada de Steven Mithen. Precisamos pensar mente e corpo como entidades complementares e acomodar a ideia de que os humanos, "ao se confrontarem com o divino, sempre sentiram aromas, ouviram vozes, tiveram visões, tocaram e/ou foram tocados por e/ou possuídos por entidades tidas como sobrenaturais" (MASSIH, 2013, p. 389). A condição biológica humana prega peças no pensamento racional e lógico proposto por pensadores do porte de Marcel Gauchet. Mesmo à moderação de Ferry, falta o acesso aos avanços de uma Psicologia da Religião que respeita a cultura e a condição histórica e biológica dos humanos, ambas conectadas no processo evolucionário.

Só um filósofo da cultura como Marcel Gauchet poderia avançar na reflexão que esboço. Resta a esperança de que o autor se encante com o assunto e deseje fazê-lo.

Referências bibliográficas

BELZEN, J. A. *Para uma psicologia cultural da religião*. São Paulo: Ideias e Letras, 2010.

BOYER, P. *Religion explained: the evolutionary origins of religious thought*. New York: Basic books. 2001.

FERRY, L. *Depois da religião: o que será do homem depois que a religião deixar de ditar a lei? Luc Ferry e Marcel Gauchet.* Rio de Janeiro: Difel, 2008.

GAUCHET, M. *Le désenchantement du monde.* Paris: Gallimard, 1985.

_____. *La religion dans la democratie.* Paris: Gallimard, 1998.

_____. *La condition historique.* Paris: Stock, 2003.

GEERTZ, C. *Nova luz sobre a Antropologia.* Rio de Janeiro: Jorge Zahar, 2001.

JAMES, W. *As variedades da experiência religiosa.* São Paulo: Cultrix/Pensamento, 1995.

MASSIH, E. *Psicologia Evolucionária e religião.* In: PASSOS, J. D.; USARSKI, F. *Compêndio de Ciência da Religião.* São Paulo: Paulinas/Paulus, 2013, p 383-398.

MITHEN, S. *A pré-história da mente. Uma busca da origem da arte, da religião e da ciência.* São Paulo: UNESP, 2002.

VERGOTE, A. Necessidade e desejo da religião na ótica da psicologia. In: PAIVA, G. J. *Entre necessidade e desejo. Diálogos da psicologia com a religião.* São Paulo: Loyola, 2001.

CAPÍTULO VIII

A "RELIGIÃO PARA ATEUS" DE ALAIN DE BOTTON E SUA ACOLHIDA NA EUROPA OCIDENTAL E CRISTÃ

Afonso M. Ligório Soares

1. A "religião para ateus" de Alain de Botton

Alain de Botton é autor já conhecido do grande público, que o lê como alguém dedicado a traduzir a Filosofia acadêmica para as questões cotidianas. Já tem outras obras lançadas em português, entre ela os *best-sellers Como ler Proust pode mudar sua vida* (1997); *Consolações da Filosofia* (2001) e a *A arte de viajar* (2003). E, depois de tanto girar pelos mais variados temas e atividades da vida humana, chega, finalmente, ao mais espinhoso e controverso de todos: a religião.

Para atravessá-lo, o autor, desde o início, declara distâncias dos colegas ateus de maior destaque na mídia: não vai enveredar na enfadonha e inútil discussão sobre a verdade ou falsidade religiosa. Nem muito menos, para decepção de alguns missionários eclesiásticos, fará algum tipo de defesa desta ou daquela confissão de fé.

Sua aproximação é apenas a de um aprendiz interessado em adquirir esse *know-how* tradicional para aplicá-lo às necessidades de seus contemporâneos; uma bordagem utilitarista do patrimônio de algumas religiões mais palatáveis ao Ocidente (é sintomático que o Islã seja o grande ausente da posologia religiosa oferecida pelo autor).

Com esse propósito, o autor abre o capítulo inicial do livro tentando convencer seu público preferencial – os ateus do título – de que a milenar sabedoria das religiões é bem-vinda, desde que expurgada de suas doutrinas (cf. p. 11-18). No afã de cuidar de todos os nossos passos, as religiões se esmeraram em atrair nossa atenção, insinuando-se em todas as brechas: na educação, na moda, na política, no lazer, em casa ou durante as viagens na arte e no trabalho. Não há movimento literário ou político na história que lhes faça sombra.

Os capítulos seguintes do livro ilustram a tese central do autor. Assim, ele propõe que o *senso comunitário* (cf. p. 21-56) é remédio contra a solidão, localiza nas refeições um momento privilegiado de partilha de vida e oferece um presente caro a qualquer ser humano: o poder de perdoar e ser perdoado. No capítulo "A gentileza" (cf. p. 59-82), De Botton observa que as religiões sabem que a existência de uma plateia ajuda a sustentar a bondade e, por isso, investe em testemunhas e cerimônias públicas que combinam a vigilância humana com a divina. E ousa dizer a seu leitor secularizado (para quem o espaço público deve ser mantido neutro) que pode ser tranquilizador viver como se alguém estivesse o tempo todo de olho em nós. Tudo, enfim, se resolve em estratégias de *educação* (p. 85-134), cujo propósito deveria ser sempre "criar seres humanos capazes e cultos" e não simplesmente produzir advogados, médicos ou engenheiros competentes. Para o autor, a esperança de que a cultura fosse tão efetiva quanto a religião para guiar, humanizar e consolar, acabou sendo frustrada pelos fatos. No mundo secular é impossível responder às questões mais profundas da alma, embora – como diria Wittigenstein – sejam essas as questões que importam.

O que De Botton admira nas religiões é que estas foram radicais o bastante para trazer a educação das salas de aula, combinando-a com outras atividades que envolvem todos os sentidos e as práticas cotidianas, como comer, beber, banhar-se, caminhar e cantar. Daí sua sensibilidade para com a nossa carência de *ternura* – a qual, diz o autor, é vista pelo ateísmo com impaciência (p. 137-147) – e seu atinado *pessimismo*, que advinha sermos inerentemente defeituosas (p. 151-161).

No capítulo sobre a *perspectiva*, dois pensadores ganham destaque: o autor do livro de Jó e Baruch de Espinosa (p. 165-172). Ambos nos deixam "um pouco mais preparados para (nos) curvar às tragédias incompreensíveis e moralmente obscuras que a vida cotidiana envolve (p. 167), ao nos ensinar a tudo ver *sub specie aeternitatis* (p. 168). Em vez de "nos convidar a pensar no presente momento como o ápice da história", a religião é, segundo De Botton, "um símbolo daquilo que nos ultrapassa e uma educação sobre as vantagens de reconhecer nossa insignificância" (ibid.). Para tanto, ela nos provê de *"suvenirs* do transcendente", que tanto podem ser dados pela *arte* – que trazem implícitas muitas de nossas crenças (p. 175-205) – como, por exemplo, pela *arquitetura* (p. 209-230).

Citando o impacto gerado no interior das catedrais, De Botton reconhece quão doloroso é se sentir pequeno na lida cotidiana; mas afirma ser sábio e até um pouco prazeroso "ser levado a se sentir pequeno por algo poderoso, nobre, consumado e inteligente", que – como certas igrejas – pode "nos induzir a abdicar do egoísmo sem impor qualquer humilhação" (p. 129). Aprendendo de quem tem *know-how* milenar, seria possível, pois, viabilizar uma religião que convidasse a viver segundo os ensinamentos da literatura e da arte, como fazem os fiéis segundo as doutrinas da fé.

> Possivelmente, há tanta sabedoria a ser encontrada (nos contos) de Anton Cechov quanto nos evangelhos, mas as coletâneas do primeiro não vêm acompanhadas de calendários que recordem os leitores de repassar periodicamenre seu conteúdo (p. 114).

O capítulo final constata a debilidade dos ataques desferidos no final do século XVIII por céticos e ateus. Eles foram feitos por meio de livros, enquanto a religião atua empregando *instituições* (p. 233-261). O que as entidades seculares precisam aprender, estudando as organizações religiosas, é como "atender às necessidades do *self* interior com toda a força e a habilidade que as empresas hoje empregam para satisfazer as necessidades do *self* exterior" (p. 235).

> A sabedoria das fés pertence à humanidade toda (...) e merece ser reabsorvida de forma seletiva pelos maiores inimigos do sobrenatural [afinal] as religiões são intermitentemente úteis, eficazes e inteligentes demais para serem deixadas somente para os religiosos (p. 261).

2. A repercussão internacional de De Botton

2.1. A recepção na Itália

O título e subtítulos da obra aqui resenhada são sugestivos do tipo de recepção obtida naquele *país*: "Del buon uso della religione: guida per nos credenti". Para Valeria Gandus, se o tomarmos pelo que é, ou seja, um agudo e divertido exercício de estilo, esses ensaios de Alain de Botton não decepciona. Em palestra no Festival de Literatura de Mantova, ele insistiu que os ateus fariam melhor se deixassem de confutar a existência de Deus e estudassem mais como e por que as religiões são há milênios um enorme sucesso. Ele quer copiar esses expedientes, readaptando-os, para propagandear o *culto da cultura*. Para Gandus, trata-se de um "furto legalizado", similar ao que fizeram os primeiros cristãos com muitos cultos precedentes.

Sara Schifano destaca a coerência do livro com as ideias "pregadas" pelo autor na *The School of Life*, que fundou ele em Londres, um lugar onde se dão cursos sobre como aprender a viver melhor, ou ao menos como lidar com as neuroses da vida contemporânea através da cultura e do conhecimento. Segundo ela, De Botton tem acolhida lá onde se esgarçou a convicção laicista de que temos de ser invulneráveis e de que falar de oralidade sempre depõe contra a liberdade. Por que, diz ela, não podemos venerar e tomar como exemplo modelos que consideramos dignos de estima? Porque se perdeu o sentido de comunidade: Embora algumas soluções do filósofo cheguem a ser grotescas (como, por exemplo, a sugestão de que os ateus tenham santinhos de Virginia Wolf ou Stendhal, assim como os católicos veneram os de São Francisco), Schifano aprova sua capacidade de estimular uma reflexão fora dos padrões.

Muito mais reticente é o parecer de Rafaele Carcano, que começa concordando com a opinião do filósofo de que os ateus permitiram que a religião pleiteasse um domínio exclusivo sobre áreas de experiência que deveriam pertencer à humanidade inteira, e das quais é preciso se reapropriar sem nenhum constrangimento. Mas nem todos os argumentos de De Botton são palatáveis a este resenhista. Por exemplo, se é verdade que "a missa católica encoraja os fiéis a abandonar o orgulho", a obediência e a submissão às hierarquias pedidas pelo catecismo católico podem levar junto também as ambições e esperanças "sadias" e "razoáveis". Enquanto De Botton afirma que sua granítica certeza atenua-se quando escuta Bach, um número massivo de fãs – contesta Cercano – curte mesmo é Avril Lavigne e *popstars* do gênero. E só quem nunca foi católico pode achar que a missa provoque alguma intensidade emotiva nos fiéis [demos aqui um desconto ao resenhista, que certamente está falando da Itália e não conhece os padres midiáticos brasileiros!].

Citando sociólogos como Robert Outman, Carcano também retruca a alegação dos efeitos positivos da filiação religiosa (por exemplo, sobre o capital social), afirmando que o mesmo ocorre com tantas outras organizações menos consideradas – até mesmo em um clube de bocha. E quanto à alegada capacidade da religião de "sustentar a bondade" por meio do efeito "tranquilizador" de vivermos com a sensação de sermos vigiados o tempo todo, Carcano lembra que, além das estratégias das religiões e das multinacionais comerciais se sobreporem, como escreve o próprio De Botton, também os totalitarismos aprenderam muito bem essas "lições". E conclui avaliando que o autor se preocupa mais em demonstrar fascinação pelo "sagrado" do que em analisar seus mecanismos.

Michela Lauro reconhece no livro uma reflexão cheia de bom senso sobre as necessidades espirituais e os valores morais do ser humano. Mas admite que essa filosofia do nosso ensaísta-jornalista apresentador e empreendedor cultural de sucesso às vezes beira à banalidade. O que não impede que esse seu *pragmatismo tipicamente anglo-saxão* ajude a questionar a qualidade ética e estética da existência. Assim, numa espécie de "sincretismo moral" (herdado de Auguste Comte), De Botton convida os ateus a sujarem as mãos, tomando emprestado conceitos oriundos de diferentes confissões, tais como: ritualidade, emoção, repetição, proteção, gentileza, identidade plural, tolerância, pertença comunitária etc. Embora inócua, conclui Lauro, a utopia deste autor levanta propostas até sugestivas.

2.2. A recepção na Inglaterra

Tom Payne lembra Ovídio – É útil que haja deuses, e é por isso que acreditamos neles – para congratular-se com De Botton. A religião existia para que juramentos significassem algo e não nos matássemos uns aos outros. Alain de Botton retoma esse fio, argumentando que a religião oferece limites que as corporações de hoje não têm. Afinal, uma religião não é apenas uma maneira de criar mistérios veneráveis para projetá-los em outro reino (embora De Botton goste desse aspecto de adoração – que proporciona uma sensação de espanto e perspectiva que a astronomia ainda pode fornecer, quando nos assegura que, no esquema do universo, somos minúsculos). Enquanto alguém com Ph.D. em "Padrões de metanarrativa no íon de Eurípides" promoveu o aprendizado para seu próprio bem, explica De Botton, um padre católico romano, por outro lado, sabe exatamente que texto será lido, em qual tempo do ano e por quê.

Mas o problema, segundo este resenhista, é aquele prescritivo "deve", que é dito com tal otimismo que faz parecer que o esforço vale a pena. ["Entre os anúncios de *jeans* e computadores das ruas de nossas cidades, deveríamos colocar versões eletrônicas do Muro das Lamentações"] ... Quer dizer, então, pergunta-se Payne, que devemos curvar-nos a alguma disciplina maior que nossa própria vontade, para só assim podermos sentir as coisas boas que queremos sentir? Payne vê aqui um paradoxo, uma falha, pois, "o que é especialmente bom em se tratando de religião é que podemos usá-la da forma como nos convém", arremata. Sameer Rahim destaca a proposta bottoniana do templo de Londres projetado junto com o arquiteto Tom Greenall e Higson Jordan para ser uma enorme torre preta colocada entre os arranha-céus da cidade. A torre será construída a partir de diferentes tipos de pedra de toda a história humana, formando uma espécie de linha do tempo geológico. Em sua base haverá uma faixa de ouro de um milímetro de espessura, significando o tempo do homem sobre a terra em relação à idade do planeta. Enfim, um momento de humildade com o fito de curar seu visitante do egoísmo/egocentrismo moderno. De Botton confessa ter por alvo o típico macho sessentão acadêmico de Oxford, que ataca os crentes e diz que a religião é ridícula. Embora pessoalmente muito rico, espera tocar as obras do templo, graças a pequenas doações, o que seria indicação-chave da sua popularidade.

Mas, embora veja aí um objetivo louvável, Rahim nota um equívoco no projeto. O que achamos bonito num templo ou arte religiosa está – inveitavelmente – ligado aos valores das pessoas que o fizeram: um protestante critica uma igreja rococó italiana ou um muçulmano acha uma sinagoga simples demais para seu gosto, não por causa de um sentido estético abstrato, mas porque parecem estranhos à maneira como eles adoram. As crenças rígidas de que De Botton tenta se esquivar são exatamente o que emociona e aterroriza os visitantes de um espaço sagrado: o pensamento de que ele foi construído em nome da verdade. Se Rahim tiver razão, das duas uma: ou o projeto de De Botton será um rotundo fracasso entre os ateus, ou – o que seria a suprema ironia – será acolhido como uma nova variação *new age* da religião.

Na opinião de Rowland Manthorpe, De Botton não tem nenhum escrúpulo. Ele só está fazendo o que o cristianismo fez quando ressignava celebrações pagãs do solstício de inverno como o Natal. Em sua análise, uma missa católica é apenas uma teia de técnicas para "fortalecer os laços de afeto dos congregados", e o Dia do Perdão judaico um "mecanismo psicologicamente eficaz" para a resolução de conflitos sociais. Ao defender que a sociedade secular aprenda com a religião, espera diminuir a negligência das universidades nesse ponto, pois, segundo ele, as instituições do humanismo liberal se concentram exclusivamente em remediar a ignorância de seus alunos, quando deveriam estar aspirando a criar "pessoas melhores, mais sábias e mais felizes". Na sua universidade ideal, Anna Karienina e Madame Bovary deveriam ser lidas em "um curso sobre a compreensão das tensões no casamento". O tema subjacente é a consciência que as religiões têm da infantilidade humana. Enquanto o cristianismo deu-nos parábolas, horários e repetição em uma escala maciça, a educação secular supõe que garotos de 20 anos acompanhem extraordinárias e maçantes palestras. Enfim, Manthorpe vê até com bons olhos as prescrições de De Botton em um país – a Inglaterra – onde mais de 60% das pessoas se veem como pertencentes a uma religião, mas apenas 5% frequentam serviços religiosos.

    O que mais dizer, após esse rápido giro pelos países no Norte? Sem dúvida, chama a atenção que o livro tenha sido lançado antes em países como Itália e Brasil (em setembro de 2011), sendo publicado nos Estados Unidos e na Inglaterra apenas no primeiro trimestre de 2012. Terá o autor algum escopo "missionário" em mente ao privilegiar nações de maioria católica. Algo a ver com a exportação do projeto "Templo para ateus", mencionado no livro?

Seja como for, há que reconhecer que o livro, enfim, interessará ao cientista da religião mais como representativo de um fenômeno a ser considerado do que como um ensaio teórico a ser analisado. Nem é essa a pretensão do autor, embora consiga nos entreter com uma prosa original e bem-humorada, com 95 ilustrações quase sempre eficazes para dar carne a seus argumentos.

Mas, por outro lado, do ponto de vista de uma Ciência da Religião Aplicada – que pensa, entre outros temas, na relação entre religião e educação –, o *insight* do livro pode ser auspicioso. No contexto da acirrada discussão contemporânea sobre o ensino religioso nas escolas públicas, a questão parece se reduzir a um embate algo maniqueísta entre laicos (paladinos da liberdade) e religiosos (que defendem o ensino religioso porque têm interesses proselitistas), sendo que os primeiros criticam o ensino público porque veem aí uma brecha para a intromissão do sentimento religioso num ambiente (a escola) que deveria ser laico. De Botton, se não ajuda a resolver o impasse, ao menos o torna mais complexo porque sugere que o conhecimento das religiões – seus conteúdos e, sobretudo, suas estratégias – pode ser de grande interesse para o bem da sociedade civil, laica, emancipada, ocidental, europeia.

Muitos críticos verão nessa proposta do autor anglo-suíço apenas uma banalização extrema. Por exemplo, sua ideia de transformar os museus no correspondente atual das igrejas e fazer das obras de arte nossos faróis morais apenas transfere o problema: quem irá estabelecer um cânon das obras? Que música oferecer para a meditação da juventude *rock* do Pink Floyd ou da *pop* de Lady Gaga? Que livro sugerir nos cursos universitários para, segundo De Botton, ajudar os estudantes a retirar dali ensinamentos morais para o cotidiano: o *Senhor dos Anéis* ou a trilogia *Crepúsculo*? Mas há algo aqui a ser considerado: alguém terá de assumir arriscadas decisões educativas e direcionamentos éticos. E, pelo que se depreende da "leviana" sugestão de nosso autor, não são apenas os pré-modernos praticantes de religiões que estão percebendo o papel delicado que jogam aí essas milenares invenções de nossos antepassados.

Bibliografia de referência

DE BOTTON, Alain. *Religião para ateus*. Rio de Janeiro: Intrínseca, 2011.

CARCANO, Rafaele. UAAR. Unione degli Atei e degli Agnosticici Razionalisti. Ver: <http://www.uaar. it//ateismo/opere/alain-de--botton-del-buon-uso-della-religione>.

GANDUS, Valeria. Cf.: <http://www.ilfatto=quotidiano.it/2011/09/29/una-guida-per-i-non-credenti-il-libro-di-de-botton-perp´costruire-la-religione-dei laici/160905/>.

GRUPO DE PESQUISA "PSICOLOGIA E RELIGIÃO: PECULIARIDADES". Programa de Estudos Pós-graduados em Ciência da Religião da PUC de São Paulo – 2016.

LAURO, Michele. Cf. <http://blog.panorama.it/libri/2011/19/10/del-buon-uso-della-religione-la-guida-per-non-credenti-di--alain-de-botton/>.

MANTHORPE, Rowland. 03/02/2012. Cf. <http://www.telegraph.co.uk/culture/books/bookreview/9054164/Religion-for-Atheists-by-Alain-de-Botton-review.html>.

PAYNE, Tom. 27/01/2012. Cf. <http://www.telegraph.co.uk/culture/books/bookintreviews/9041947/Religion-for-Atheists-by-Alain-de-Botton-review.html>.

RAHIM, Sameer. GMT 30/01/2012. Cf. <http://www.telegraph.co. uk/culture/books/authorinterviews/9045391/Alain-de-Botton--puts-faith-in-temples-for atheists.html>.

SOARES, Afonso Maria Ligório. In: DE BOTTON, Alain. Religião para ateus. Resenha. *Revista de Estudos da Religião – REVER*, 2012, Ano 12, n. 1, p. 271-277.

Impresso na gráfica da
Pia Sociedade Filhas de São Paulo
Via Raposo Tavares, km 19,145
05577-300 - São Paulo, SP - Brasil - 2018